韓国現代政治

中央集権から地方分権への道

金 世徳

HAKUEISHA

まえがき

長い空白期を経て韓国において全面的な地方自治が再開されたのは1995年。従って、本年でその実施からちょうど28年になることになる。本書は、このような現在の地平から、これまでの韓国における地方自治について考察することを目的としている。

本書の背景にあるのは、次のような問題意識である。韓国で生まれた著者は、この28年前の地方自治再開を目の当たりにし、それが実に35年ぶりに行われたものであったにも拘らず、大統領選挙や国会議員選挙と比べて、その選挙自体に大きな関心を集めることがなかった。「地方自治は民主主義の学校である」という言葉に象徴されるように、もし、地方自治が人々の生活に密着した問題を扱い、それにより人々の民主主義への信頼と関心を培うものだとするならば、人々はこの地方自治とそれにまつわる選挙にこそ関心を向けるべきである。にも拘らず、韓国では中央政治とその選挙に大きな注目が集まる一方で、地方政治とその選挙には、あまり人々の目が向けられない。このような自らの理解は正しいのか、また正しいのだとすれば、韓国の地方自治にはどのような問題が存在しているのか。本書は、まさにこの問題に答えるために書かれている。

このような問題意識に答えるに当たり、筆者はある仮説を持って対している。即ち、もし、地方自治が、人々が身近な場での実践を通して民主主義を学習し、それにより民主主義への理解を増して行く場だとするならば、成功的な地方自治においては、人々は次第に地方自治への参加の度合いを強めて行くことになる筈である。もちろん、ここにおいて地方自治の導入当初には地方自治への熱い期待があり、それが人々の参加を一時的に高める効果を持っていることを考慮しても、上述のような理論的に想定される成功的な地方自治においては、一時的な興奮から覚めた後も関心はある段階で固定され、最終的に安定してゆくことになる筈である。筆者は、このような人々の地方自治への参加の度合いを推し量る指標として、各地方選挙における投票率に注目し、各々の選挙における投票率の変化と前後の国政選挙のそれとのずれを分析する。投票率の変化は、人々の地方自治に対する関心の高さを表し、また、国政選挙のそれとの差は、それが単なる政治一般に対する関心の動向を示すものでないことを示すことになる。

このような分析の対象となる、韓国における地方自治に関わる経験は大きく三つの時期に分けられる。即ち、第一期は 1948 年の大韓民国成立後、1952 年にはじめて地方選挙が実施されてから、1961 年の朴正熙等による軍事クーデタによりそれが廃止されるまでの期間、第二期はそれ以後の地方自治が停止された期間、そして、第三期は 1990 年代以後から現在までの時期である。本書はこのような韓国の経験に鑑み、まず第一章で、第一期における地方自治について、主としてその制度的変遷の観点からの分析を行っている。その結果、明らかになったことは、この時期の地方自治が中央政治、その中でも特に 1948 年から 1960 年までの十二年間、韓国政治に君臨した李承晩とその政権による、中央政治における主導権確立のための手段として露骨に左右されていたということである。第二章においては、そのような制度的変化の中で投票率がどのように変化したかを分析している。

ここで重要だったのは、李承晩政権がいわゆる四月革命によって打倒された後に行われた1960年の地方選挙において、投票率が著しく低下していることである。このことは、それ以前の選挙が実質的な上からの動員による選挙であったこと、そして、だからこそ李承晩政権崩壊により自由になった後、人々は選挙に関心を持たなかったことを示している。つまり、この時期の地方自治が、それが中央政治によって大きく操作されることにより、「民主主義の学校」として機能しなかったことを如実に示している。

第三章は、いわゆる地方自治の空白期における制度的変化の分析である。ここで筆者は、中央政治においては民主化が大きな焦点であったこの時代において、地方自治に対する関心は薄く、それが依然として中央政治の動きに従属するものであったことを示唆しようとしている。第四章は、一転、第三期の地方自治の経験について扱い、その結果、二つの結論を得ている。一つは、少なくとも投票率を見る限り、この時期の地方自治に対する人々の関心は一定の段階で下げ止まっており、その関心も安定しているように見えるということ、そしてもう一つは、このような表面的な地方政治への相対的に高い関心は、韓国独特の地方主義によって底上げされている可能性があるということである。このことは、地方選挙が事実上無風状態に陥っている地域においても、むしろ、高い投票率が見られることに典型的に現れている。

最後に、本書では、このような第三期の地方自治の経験についてより詳細に分析するために、大田広域市の事例を取り上げ、その分析を行っている。大田市を取り上げた理由は、この地域が第三期の地方自治において、当初は高い地域感情を見せた一方で、その後急速に地域感情の後退が見られた地域だからである。

即ち、この地域の事例は、地域感情とその消滅が地方自治と選挙にどのような影響をもたらすかを垣間見る良い事例となっているといえる。分析の結果明らかになったことは、地域感情が消滅した後、確かに投票率の一定の低下は見られるが、同時にその結果として、選挙の争点が、中央政治から地方政治固有のものに移っているということである。このことは、現在の地方自治において地域主義が大きな阻害要因となっていること、そして、その払拭によってこそ、地方自治の健全な発展が可能だということ示唆している。

目次

序論

1　研究の目的

J. S. Mill と Tocqueville によれば地方自治とは、地方（ある国の中に存在する地域を基礎にして）の運営（今日的にはもっぱら政治及び行政をいう）について、国からの関与によらず、地方の住民の意志に基づき行うことをいう。すなわち、地域における住民生活に直接関係を持つ公共、共同の事柄について、住民自身の意志、責任及び負担によってこれを処理することであり、文字どおり「地方（の事）を自ら治める」ことを意味する[1]、とされる。

このような地方自治は民主主義を実現させる基本的な政治形態であり、統治権力を垂直に分権化させ政治安定の要素を提供し、地域的特性に合う行政執行ができ、行政の民主化と能率化を向上させるのを目的となる[2]。

このような近代的意味の地方自治制度が韓国に導入されたのは、政府樹立後の 1949 年 7 月 4 日、地方自治法が制定されてからのことである。しかし、国内治安の不安定や戦争などでその具体的な実現は 1952 年まで延期された。同年、ようやく地方議員総選挙で地方議会が構成され、その後第二共和国まで実施

1　D.M.Hill.（1974）*Democratic theory and local government.2th ed.*, George Allen & Unwin LTD., p.23.

2　前掲書、23 頁。

されたものの、1961年5・16軍事クーデタによりこれも中断を余儀なくされた。この1961年軍事革命以来、30年にわたって、地方自治団体の首長及び地方議員の選挙が行なわれることはなかった。したがってこの間、韓国には地方自治は存在せず、ただ中央による「地方行政制度」のみが存在してきたと言えよう。

1980年代に入り、民主化という大きな流れの中で、1991年には地方議会選挙が、そして1995年からは地方自治団体長が住民らの直接選挙により選ばれるようになり、新たな「地方自治」時代が到来したと言われている。

本書では、このような歴史的の流れの中で、韓国国民における「地方自治」がいかなるものであったのかについて考察する。ポイントとなるのは、人々が「地方自治」にどれほどの関心を寄せていたかである。不安定な政治状況の中で行われた韓国の地方選挙で、自らの意思で自らの代表を選ぶということがどれほど真剣にできたのだろうか。人々が地方自治に関心を見せなかったのだとしたら、それは何故なのだろうか。

本書はこのような問題意識を持ち、今現在韓国の地方自治が抱えている問題とその解決案、そして展望を考える。

また、この問題を考察するにあたっては、地方選挙における第一共和国の「動員選挙」、さらに第六共和国の「地域感情」という大きな問題点を視野に入れつつ、議論を進めていくこととする。

第一共和国（動員選挙）	⇒	第二共和国（動員選挙から解放）
↓		
第六共和国（地域感情）	⇒	地域感情消滅（真の地方自治へ）

2 研究の対象と範囲

本研究の研究対象は、韓国の地方自治制度に対する人々の動きである。具体的には、1952年から1961年までの地方自治制度と、1995年に復活した地方自治制度の中で実施された各地方選挙で、人々はどのような目的と影響で選挙に参加したかという点である。時期としては、大韓民国が成立した1948年から現在までを扱う。

本研究は大きく二つの部分からなっている。即ち、地方自治制度が形成・変化していく過程を記述的に論じる部分と、地方政治への住民参加を主として各地方選挙における投票率に着目して分析する部分である。本書が対象とする期間において、韓国は二回の地方自治実施期、即ち、1952年から1961年までの時期と、1991年以後の二つの時期が存在しており、そのそれぞれについて上記の手順で分析を行う。続いて、第二期の地方自治実施期に対する分析を深めるために、大田広域市の選挙を取り上げる。大田は、地域主義が大きな影響力を誇ったこの時期において、地域主義が大きく減退した地域であり、それゆえ、地域主義の動向と地方自治の関係について、示唆的な地域であるからである。

3 研究の方法

本研究は論題の性格上、主に文献調査に依拠した。研究で使用する資料は、韓国において重要とされる中央・地方の日刊紙や雑誌、地方自治制度と関連がある国会会議録などである。それらの資料を整理し、比較検討することによって、考察を進めることとする。特に、1948 年政府樹立当時からの国会内務委員会の会議録は本研究をする上で重要な資料である。大統領の談話文、各政党の「政綱政策」「大韓民国選挙史」なども根拠資料として参照・引用している。また、韓国の地方自治制度の変化過程に影響を及ぼした要因などを分析するため、政府の各種の刊行物や統計資料も参照した。その他、韓国の各研究機関及び政府関係機関による各種の報告書なども利用している。

4 先行研究

韓国の地方自治制度に関する研究は、多様な方面において発展してきた。1949 年 7 月 4 日、法律第 32 号で公布した「地方自治法」は、韓国社会に成熟した民主的政治意識を定着させる前、5・16 軍事革命によって挫折した。1960 年代に始まる高度経済成長と政治的参加欲求の増大は、地方自治制度に関心を呼ぶ重要な要因になった。したがって、韓国の環境的与件に合う地方自治制度は「何か」に関して学界・実務界で研究されてきた。その結果、1989 年 12 月 30 日、地方自治法自治法が全面的に改正・交付され、地方自治制度の実施は第六共和国の当面の課題となった[3]。

特に、学界での論議は行政学・政治学・法律学などを専攻する学者らによって展開された。一方、彼らの主張はそれぞれの学問的背景にしたがい、地方自治制度と関連した特定な側面を

3 第一共和国から第六共和国に至るまで歴代政権は地方自治法、または附則を継続し、改正してきた。

強調する傾向が多かった。

ここでは、今まで韓国において韓国で展開してきた地方自治制度に関する研究をアプローチごとに分類し、影響要因の根拠と理由を提示する。

1) 行政学での研究傾向

崔鳳基によれば、地方自治制度の根本的な目的は、大きく①政治イデオロギーを具現しようとする政治理念的な目的②行政の効率性と合理性を具現しようとする行政理念的な目的で分けられる[4]、とされる。この中で、今まで韓国の行政学者達によって遂行された地方自治制度に関する研究は主に後者の観点で行われたと言える。

すなわち、参与欲求の増大は福祉国家的要求により、地方自治単位で処理される問題が増大するとともに、質的にも複雑となって、これらを効率的かつ合率的処理するための工夫が要求された。行政学者らは地方自治の必要性を、①地方行政機能の効率性の向上、②地域的条件に合う行政の実現、③社会変化による行政機構及び専門人力の確保、④住民参加を通じた行政の民主性及び合理性の向上などから説明した[5]。各大学の論文集や

---

4 崔鳳基（1989）、『地方自治と民主主義』、大英文化社、18 頁。

5 これに関連する代表的な研究文献は次の通りである。
ソウル大学校行政大学院附設行政調査研究所編（1978）、『80 年代指向地方行政需要変化と効率的適応方案研究』。
韓国地方行政研究院編（1985）、『地方行政機能分析に関する研究』。
＿＿＿＿＿＿＿＿（1985）、『2000 年代地方行政の座標』。
＿＿＿＿＿＿＿＿（1986）、『地方自治の発展戦略』。
＿＿＿＿＿＿＿＿（1986）、『外国の地方自治制度比較研究』。
韓国地方自治学会編（1989）、『地方自治研究』、第 1 巻、第 2 号。
安海均（1988）、『韓国行政体制論』、ソウル大学校出版部。
孫在植（1988）、『現代地方行政論』、博英社。

韓国行政学報などにおける地方自治と関連した研究は、地方政府と中央政府間の機能配分[6]及び地方行政サービス[7]または地方財政[8]に注目が向けられた。

2) 政治学での研究傾向

韓国の政治学においては、行政学とは異なり、地方自治の規範的、理念的側面に多くの注目が寄せられた。いわば、民主主義の発展と国民の政治意識を涵養するための基本的な土台とし

孫鳳淑（1985）、『韓国地方自治論』、博英社。
盧隆熙（1987）、『韓国の地方自治論』、緑苑出版社。
金鐘表（1988）、『現代地方行政論』、日新社。
金甫炫・金庸来（1982）、『地方行政の理論と実際』、法文社。
金璟東外（1985）、『韓国の地方自治と地域社会発展』、ソウル大学校出版部。
崔昌浩（1983）、『韓国地方行政の再認識』、三英社。
呉然天（1987）、『韓国地方財政論』、博英社。

6 李聖徳（1986）、「地方自治行政の理解：英国的な視角」『韓国行政学報』、第20巻、第1号、韓国行政学会、215頁~234頁。
______（1989）、「中央政府と地方自治団体間の事務再分配に関する比較研究」『地方と行政研究』、創刊号、釜山大学校行政大学院地方行政研究所、45頁~61頁。
安海均（1981）、「中央による地方統制」『行政統制論』、ソウル大学校出版部、147頁~180頁。
______（1989）、「地方自治制と地方自治」『地域社会』、新春号、韓国地域社会研究所。
朴基永（1983）、「地方行政と住民参与：実態・問題点及び拡大方案」『社会科学研究所』、第12輯、全北大社会科学研究所。
朴基永（1983）、『韓国の地方自治：適正模型と施行戦略』、韓国政治学会。

7 金令才・威友植（1989）、「地方自治と地方行政サービス供給体系に関する研究『韓国行政学会報』、第23巻、第2号、韓国行政学会、483頁~504頁。

8 黃潤元（1988）、「地方財政予算の決定変数分析」『韓国行政学会報』、第23巻、第2号、韓国行政学会、441頁~464頁。
李達坤（1989）、「地方公企業の戦略的管理法案」『韓国行政学報』、第23巻、第2号、韓国行政学会、527頁~542頁。
崔相哲外（1985）、「特集：地方自治制シンポジウム」『行政問題論集』、第6輯、漢陽大学校行政問題研究。

て可能な最小の政治単位まで自治権を与え、国民の欲求を幅広く収斂するための民意の代弁機構が下部政治単位まで設置され、一次的に政治的欲求が濾過されることを、政治学者達は望んだといえる。

そのため、政治学で扱ってきた地方自治に関連した研究の焦点は、主に①韓国の地方自治制度の歴史的な変化過程、②地方自治のための政治的な当為性、③地方自治の基本原理、④政党政治と地方選挙との関係、⑤地方自治団体長と地方議会との関係というようなものが多い[9]。

このような研究傾向は、異なる学問分野で従事する学者と政治指導者に対して地方自治の重要性を新しく認識させることに貢献したと肯定的な評価を受けている。他方で、韓国社会の変化の結果としての、環境的な要因を軽視することによって研究の適実性が欠如していた、という批判もあった。例えば、西欧で発達した地方自治制度をまったく経験もない韓国社会に導入するためには一定の条件が満たされなければならないなどである。このような意見によれば、国民の経済的水準が向上し、そ

9　これに関連する代表的な研究文献は次の通りである。
吉昇欽（1987）、『韓国選挙論』、茶山出版社。
尹天柱（1987）、『韓国政治体系』、ソウル大学校出版部。
______（1986）、『投票参加と政治発展』、ソウル大学校出版部。
楊茂木（1983）、『韓国政堂政治論』、法文社。
韓培浩（1984）、『韓国の政治』、博英社。
韓貞一外（1986）、「特輯：地方自治の課題」『韓国政治学会報』、第20輯、韓国政治学会、3頁~312頁。
鄭世煜（1987）、「地方議会議員選挙に関する比較研究」『韓国行政学報』、第21巻、第2号、韓国行政学会、37頁~404頁。
韓国政治学会編（1986）、『現代韓国政治論』、法文社。
____________（1987）、『現代韓国政治と国家』、法文社。
韓国政治学会（1989）、『韓国政治学会報』、第23輯、1号。

れに伴い政治的な意識水準と政治指導者達の行態が民主的に相応しい水準まで成熟しなければ、地方自治の導入は困難であるとされた。

政治学における研究も、行政学でのそれと同様、地方自治の一面にのみ焦点を当て、偏った研究を続けてきたとの批判もある。つまり、理論と制度的側面にのみ注目し、経済的・社会的・文化的環境との相互関係性を疎かにしたことにその限界があったとされる。

3) 法律学での研究傾向

法律学における地方自治研究は、主として憲法と政府組織法をはじめとする行政関係法規、そして地方自治改正法律を中心として行われた。憲法と政府組織法及び地方自治法との関係、関係行政法規と地方自治法との関係を通じて地方自治法の位相と性格を究明し、地方自治法の内容を法律的次元で解析することが中心である。

そこでは、①地方自治の存立根拠と本質、②地方自治団体の種類、③地方自治団体の法人格及び管轄区域、④地方自治団体事務処理の基本原則、⑤地方自治団体の種類別事務配分基準などが主な関心の対象となった[10]。

10　これに関連する代表的な研究文献は次の通りである。
内務委員会編（1983）、『地方自治法改正法律案』、国会。
法制研究院（1989）、『地方財政法解説と会計実務』。
李珪澤（1984）、『韓国地方議会構成与件に関する考察』、立法調査月報。
徐元宇（1983）、『現代行政法論（上）』、博英社。
______（1985）、『韓国の地方自治に関する法的諸問
______（1985）、『韓国の地方自治に関する法的諸問題』、比較行政。
朴源永（1983）、『地方自治の現代憲法的構造』、釜山大学校大学院博士学位論文。
李尚圭（1986）、『新行政法論（上）』、法文社。

一つの例としては次のような研究がある。現行の地方自治法改正法律によると、副団体長の選任方法においては、地方議会が完全に干渉できないようにしている。これは法律的次元でみると市・道知事の事故や欠位時その職位を副団体長が自動的に承継すると、これは中央で任命した国家公務員が地方議会の同意なしで、地方自治団体長になるという矛盾点が発生する。純粋に法律学的な観点からの分析である。

このような法律学における地方自治研究は行政学と政治学では扱われない部門を扱っている点で肯定的な評価を受けている。しかし、当然のことながら、地方自治制度の必要性がどのような環境で台頭し、地方自治制度の実施を成功させるためにはどのような条件を満たさなければならないのかについては、このような研究で言及されることはない。この点が法律学における地方自治研究の限界であるといえる。

第 1 章

第一・二共和国期の地方自治制度の形成と変化過程

はじめに

本章では、第一・第二共和国における地方自治の形成と変化の過程を概観する。その際に、1961年5月16日の朴正熙少将らの軍事クーデターにより地方自治が廃止され、長い間空白期を持つようになるが、なぜ人々は地方自治に関心がなかったのか、第一・第二共和国期における地方自治の経験がどのように関与していたのかを考察する。

第1節 韓国政府の樹立と地方自治制度の形成過程

1 地方自治法成立の過程

第2次世界大戦の終戦とともに韓国は、約3年間の米軍政下に置かれることになった。戦後日本が、GHQの改革政策の下で戦前の中央集権的地方自治を改め、今日の民主的地方自治の基礎を作り上げたのとは対照的に、米軍政下の韓国の地方自治は、民主的地方自治制度の確立のための政策設定もできず、韓国の自主政府の樹立までの暫定的措置という名分の下で、植民地下の集権的・官治的地方制度を存続させながら、試行錯誤を重ねながらの改編に終始した[1]。

1 三年間の米軍政が中央集権的統治や制度改革に終始する結果となった理由として、金甫炫・金庸来教授は、三つの点をあげている。

韓国における近代的地方自治は、1948年7月17日、大韓民国憲法が制定され、同年8月15日、韓国政府が公式に樹立された後、憲法の地方自治条項の規定に基づいて地方自治法（1949年7月4日）が制定・公布されることにより開始された[2]。

まず、その地方自治法の制定及び公布の経緯をみておこう。地方自治法案は1948年8月20日、第1回国会の第45次本国会の決議により、1949年1月31日に法務・内務の両委員会の審議を経て同年2月2日、第20次本会議に上程された。同法案は本会議で2週間の審議の結果、3月9日、第49次本会で議修正・可決され、政府に移送された。当初、同法案の実施時期については「交付後10日を経過して施行する」と規定されていたが、政府側は国内外の情勢や国内の治安状態の不安定を理由に、直ちに選挙を実施するのは困難であるとして、「同法の施行期日を大統領令に委任する」ことを要求し、国会に再議を付した[3]。

---

① 解放後の韓国は、南北に分断され激動する国際情勢の中で、国内的には左翼勢力の破壊活動により社会秩序が極めて混乱な状況であったため、地方自治制度の整備や地方選挙を行う余裕がなかった。

② 軍政当局者が地方行政とは無縁・無経験の軍人であり、また韓国の軍事や政治・文化的風土について知識がなかった。

③ 一般民衆は韓国の伝統的中央集権当統治の歴史の中で地方政治への参加の経験がなく、新しい地方制度を運用できる人材も少なかった。
(金甫炫・金庸来（1982)、『地方行政の理論と実際』、法文社、179頁)。

2 憲法第8章第96条は、地方自治に関しては「地方自治団体は法令の範囲内でその自治に関する行政事務及び国家が委任する行政事務を処理し、財産を管理する、地方自治団体は法令の範囲内で自治に関する規定を制定することができる」同法第97条は「地方自治団体の組織及び運営に関する事項は法律でこれを定める。地方自治団体に各々の議会を置く。地方議会の組織、権限及び議会の選挙は法律でこれを定める」と規定していた。

3 当時国会に移送された政府の異議書の内容は次のようになっている。「民国政府は樹立されて半年になったばかりであり、まだ確固なたる土台に立ってないのが事実である。したがって反乱分子等が対内・外的に殺人放火で反乱を企んでいる中で、今は国民の皆が一致協力して強い政府を立てて、治安の維持を確保し、人心を安定国会は「同法の施行期日は大統領令で決める」という政府の修正案と、「公布後 90 日を経過した後施行する」という金喜善議員の修正案について表決した結果、金喜善議員の修正案が出席議員 169 人中賛成 86 人、反対 83 人で可決され、4 月 15 日政府に再び移送された[4]。

しかし政府は、4 月 26 日、「国土の分断や国内の治安状態等を考慮して、同法の施行は同法の公布 1 年以内にするが、その施行日は大統領令で決めるべきである」と主張し、ふたたび国会の再議を要求してきた。これに対して国会は「政府が当法案の国会審議を再び要求するのは憲法違反であり、一事不再理の原則にも反するものである」と決議し、政府の異議書を政府側に反送した。しかしながら同法案は第 2 回国会の閉会と伴って自然に廃案となり、地方自治法の成立は次の国会を待つことになった[5]。

1949 年 5 月 30 日、新たに招集された第 3 回国会はその第 7 次本会議において、地方自治法の再立案を決議した。内務委員会と法務司法委員会の両委員会が共同で作成した法案は同年 6 月 14 日に国会の本会議に提出され、今度は出席議員 149 人中賛成 79 人反対 55 人で可決された。同法案は 1949 年 7 月 4 日公布

させるのが急務である。そこで只今地方自治を急速に実施するため全国津々浦々で選挙が行われた場合、国内の治安状態が不安定になるのは必事である。これは前後が転倒された結果になり、我々の共同の目標である地方自治の実施に障害となる恐れがある。北の同胞はまだ国会議員の選挙にも参加できず、自らの代表者も選べない状況におかれている。今は国民の総力を集中させ統一共作に勤める時期であり、統一共作に障害を招来する恐れがある内部的問題に没頭することは大変軽率である」『京郷新聞』、1949 年 4 月 1 日。

4 大韓民國國會事務處（1976）、『國會史』、138~139 頁。

5 韓国の国会では国会運営の能率性を確保する手段として、第 1 代国会から第 5 代国会まで会議不継続の原則を採用していた。

され、同年8月15日から試行されることになった[6]。

2　制憲憲法における地方自治

韓国「制憲憲法」[7]は、第8章に「地方自治」と題する章を設け、第96条で「地方自治団体は法令の範囲内で、その自治に関する行政事務及び国家が委任する行政事務を処理し、財産を管理する。地方自治団体は法令の範囲内で自治に関する規定を制定することができる」とし、第97条では「地方自治団体の組織及び運営に関する事項は法律でこれを定める。地方自治団体は各々の会議を置く。地方議会の組織、権限及び議員の選挙は、法律でこれを定める」と規定していた。これを受けて、地方自治に関する基本法典である地方自治法の第1条は、「本法は、地方の行政を国家の監督下において、地方住民の自治により行わせることにより大韓民国の民主的発展に資することをその目的とする」と定めていた。

以上のように、憲法においては地方自治の保障がなされていたが、地方自治法における「・・法令の範囲内で・・」「・・国家の監督下において・・」という文言からもわかるように、地方自治団体と国の関係は、地方自治体の権限を潜在的に大きく制約するものであった。

地方自治団体の長が国家機関として処理する行政事務につい

6　孫鳳淑（1985)、『韓國地方自治研究』、三英社、69頁。

7　この憲法の呼び名は、1948年5月10日（5・10総選挙）により構成された制憲国会（第1代国会、1948.5.31~1950.5.30）が制定し、同年7月17日に公布・施行された韓国初の憲法として「建國憲法」（権寧星（1988)、『憲法学原論』、法文社、85頁）又は「制憲憲法」（金哲洙（1988)、『憲法学概論』、博英社、50頁）と二つに分かれている。

ては、邑、面の長は第一次的に郡の長である郡守、第二次的に道の長である道知事、そして最終的に主務部長官（主務大臣）から指揮監督を受け、また、市長は第一次的に道知事、第二次的に主務部長官から指揮監督を受ける。さらにまた道知事及びソウル特別市長は主務部長官の監督を受ける（自治法第107条）ことになっていた。地方自治団体の長の命令もしくは処分が法令に違反し、又は不当であると認められる場合は、知事及びソウル特別市長に対しては大統領が、市邑面長に対しては道知事がそれを取消し、または停止を命じることができた（自治法第108条）。また、国務総理や道知事は監督上、市邑面長の処分が不適当であると認めるときには、当該地方議会にその長に対する信任投票を要求することができた（自治法第109条）。さらに、大統領令による事務引継に関する自治法110条は、正当な理由なしにその事務引継を拒否した地方自治団体の長に対して、1万ウォン以下の過料に処する規定を設けることができると定めていた。

しかし、地方自治法107条の規定には、いわゆる機関委任事務についての国または上級地方自治団体の基礎地方自治団体に対する指揮監督権の範囲が全く明示されておらず、例えば、日本の地方自治法第146条の「長に対する職務執行命令」制度、および別表第三と別表第四の機関委任事務の列挙規定に相当する規定がなかったため、無制限な指揮監督が許容される危険があった。また、自治法第108条の「長の命令または処分の取消及び停止」の規定も、この規定がどのような場合に適用されるかが明確にされていなかったので、濫用される可能性があった。即ち、この108条規定には概括的・抽象的であって、包括的で広範な権力的監督方式が認められていたのである。

地方自治団体が行う事務においても、地方自治団体はその地方の公共事務及び法令によりその団体に所属する事務を処理する（自治法第3条）という規定のみが置かれ、また市邑・面において行われる国家行政事務は、法令に異なる定めがないかぎり、その市邑面長に委任して処理を行う（自治法第102条）と規定して、極度の包括的委任主義（韓国では「概括的委任主義」という）をとっていた。したがって、全体的にみれば、この地方自治法の諸規定には、地方自治体に対する国の包括的で広範な権力的監督が認められており、その結果、地方自治体の自律性は非常に制限されていたと言えよう[8]。

憲法第96条は、「・・地方自治体は法令の範囲内で自治に関する規定を制定することができる」と地方自治体の自主立法権を保障していた。これを受けて、自治法第1章第2節においては、「地方自治団体は、法令の範囲内で、その事務に関する条例を制定することができる」（自治法第7条）「自治団体の長は、法令または条例の範囲内でその権限に属する事務について規則を制定することができる」（自治法第8条）「道及びソウル特別市の条例またはその長の規則には、法律の特別な委任があるときにかぎり、刑罰を科する規定を置くことができる」（自治法第9条）「条例及び規則は大統領令で定める一定の方式によって公示しなければならない」（自治法第10条）と規定していた。そして、自治法第19条に、地方議会の議決事項として、条例の制定または改廃の権限が定められていた。つまり、地方議会は、憲法による地方立法権の授権に基づき、法令に矛盾・抵触しない範囲で、地方自治団体の事務について包括的に地方自治団体の固有の自主法を制定することができるようになっていた。

8　金鐘表（1988）、『現代地方行政論』、日新社、304頁。

しかし、この地方自治法には、地方自治団体の事務について「地方自治団体はその地方の公共事務、及び法令によりその団体に属する事務を処理する」（自治法第3条）という一般的規定が置かれるだけであって、その事務の個別的な規定はなかった。即ち、自治団体の事務が具体的に列挙（概括例示）されていないため、自主立法権の範囲（条例制定事項）は明確でなかった。さらに、逆に地方議会議決権は、その対象事項が列挙されていたが（自治法第1条）、その事項は限定され、自主立法権の範囲は実質的に制限されていたのである[9]。

それに伴い、財政権についても憲法第96条は、「地方自治団体は、法令の範囲内でその財産を管理する」と規定していた。これを受けて地方自治法第123条は、「地方自治団体は収益のための財産を基本財産として維持することができる。地方自治団体は特定の目的のための特別基本財産を設置するか、又は金穀等を積立てることができる」として財産管理権を定め、同時に自治法第124条で、「地方自治団体は、自治上必要な経費を住民に租税として賦課することができる。地方自治団体の租税の種目及び税率は法律でこれを定める」として課税自主権を規定していた。

また、使用料、手数料及び分担金に関する事項は、条例でこれを定める（自治法第128条）と規定されており、具体的には、地方財政における独立税として、戸別税・家屋税・車輪税及び特別営業税が徴収され、道及びソウル特別市においては、地税付加税・営業付加税等の道税付加税と国税付加税が徴収されることになった。しかし、市邑面においては、とくに農村地域では主な税源となる地税が国税になっていたため、また同時に、所得

9　金鐘表（1988)、『現代地方行政論』、日新社、30頁。

税法人税等に対する付加税が設けられていなかったため、その税源が乏しく、結果的に国の補助金への依存を免れなかった[10]。

表 1-1　地方自治体の自体収入と依存収入の比較

単位：百万

	合計（A）	自体収入（B）	依存収入（C）	比率（B/A）
1951 年	110	66	44	60.0
1953 年	800	376	424	47.0
1955 年	7,921	2,885	5,036	36.4
1958 年	10,622	4,096	6,526	38.6
1960 年	13,713	4,562	9,151	33.3

出所：内務部（1963）、『地方自治団体決算概要』

3　地方自治体の種類と機関構成

地方自治法に規定された地方自治団体の種類は、地方自治団体を道とソウル特別市、及び市・邑・面の2種として設け、道及びソウル特別市は政府の直轄とし、市・邑・面は、道の管轄区域内におく（自治法第2条）という重層構造になっていた。すなわち、道及びソウル特別市を自治団体として規定することによって、政府体系における上下関係を明文化したのである。この点において、形式的には都道府県と市町村を対等な関係におく日本の地方自治法とはその性格が基本的に異なる。

10　金甫炫・金庸来・前掲書、199 頁。

図 1-1　地方自治階層構造

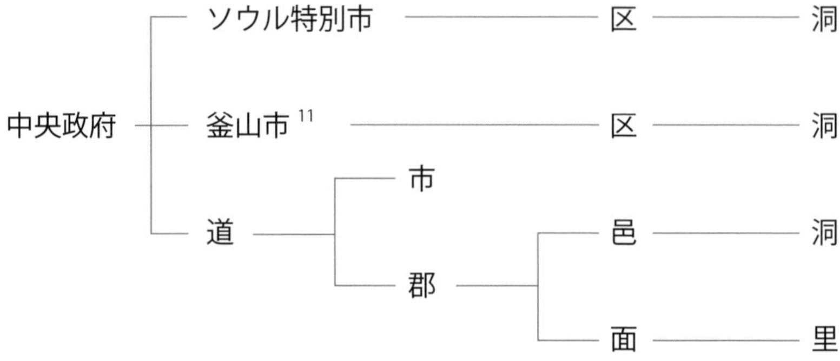

出所：孫鳳淑（1987）、『韓国地方自治研究』、三英社、202 頁

基礎自治団体である市・邑・面に対する道の地位は、市・邑・面を包括する単なる広域地方自治団体ではなく、後に述べるように、上級地方自治団体としての性格を持つものであった。そして、その地方自治団体の執行機関である長については、道知事及びソウル特別市長が大統領によって任命され[12]、市邑面長は

11　現在広域市になっている釜山、光州、太田、仁川、大邱などの大都市も 1963 年 1 月 1 日法律第 1173 号により釜山市が最初の政府直轄市になるまでソウル特別市以外は大都市であれ特別な考慮はなかった（孫鳳淑（1985）、『韓國地方自治研究』、三英社、65 頁）。

12　道知事とソウル特別市長を国民の直接選挙制より選出するのではなく、任命することについて、李承晩大統領は「・・国家がまだ成立したばかりであって、海外の大勢が困難な時期に面しているから、政府の統治権を堅く確立するのが先のことであり、急いで推進させて障害にぶつかることと漸次に推進することが知恵であろう・・・・南北統一問題を早く解決してから、直ちに地方自治制を選挙法に切り換えることになる。したがって、この法案を修正して民主制度の原則に沿って施行する日も遠くないことを望む」（「地方自治法公布についての李承晩談話」1949 年 7 月 5 日）と、その理由について述べている。また、内務部当局者はその理由について、道及びソウル特別市は、自治事務より国会委任事務を主に処理しているので道理事及びソウル特別市長の任命制が適当であると主張した（孫鳳淑（1985）、『韓國地方自治研究』、三英社、75 頁）。

市・邑・面議会の投票による選挙によって選ばれた（自治法第98条）。即ち、基礎自治団体の長である市邑面長は地方議会の選挙で選ばれる間接選挙法を採用していた。

憲法第97条により必置機関と位置付けられた住民代表機関たる地方議会は、住民の普通平等選挙により選ばれた議員（自治法第52条）により構成され、またその議員は任期4年（自治法第17条）の名誉職（自治法第16条）であり、議員数は人口比例制をとっていた。

4 首長の選任方式と地方議会との関係

地方自治法が制定された1949年、当時の韓国の行政区域は1特別市、9道、19市、134郡、1448面であった。地方自治法は自治団体の規模や性格に関係なく一括して規定していた。政府形態は議会と首長が相互牽制する機関対立主義の大統領制的制度であり、不信任議決権と議会解散権を付与した範囲内で内閣的折衷型であった。ソウル特別市長と道知事は大統領が直接任命し、市邑面長は住民の直接選挙によって構成された地方議会の議員が無記名投票で選出した。議会による市邑面長の選挙は、議員定数の3分の2以上の出席と出席議員3分の2以上の得票者を当選人とし、1次投票で決まらなかった場合は2次投票をする。もし2次投票でも3分の2以上の得票者がいなかった場合は3次投票を行い、多数得票者が当選人とする仕組みであった。また、行政区域である郡・区の郡守・区長は国家公務員の中から大統領が任命し、洞・里長は住民が選挙することになっていた。

政府は当初、地方自治団体の長の選任方法を全て任命制にすべきだと主張し、その論拠として5点をあげていた[13]。

こうした政府の見解に対して、当時の国会は、全ての地方自治団体の長は地方議会で選挙すべきであると主張し、地方議会が地方自治団体の長を選挙するという内容の国会原案を提出した。もっとも、国会が地方自治団体の長の選任方法として地方議会による間接選挙制を主張した理由は、地方行政の民主化のためというよりは、中央による地方自治団体の職員人事における弊害の是正のためであった[14]。

結局、地方自治法における地方自治団体の長の選任方法は、政府と国会の妥協案として、道及びソウル特別市の長は大統領による任命制、市邑面の長は地方議会による間接選挙制とされた。結果的に官治的性格が強い方式が採用されることになったと言えよう。

---

13 第1に、完全な地方自治を実施するのにはまだ国内事情から見て時期尚早である。第2に、諸国の地方自治の沿革を見ても、完全な地方自治が実施されるまでには、まず基礎地方自治団体のレベルから始まってそれが徐々に広域地方自治団体に広がっていくのが普通である。第3に、現在世界各国の情勢は地方分権から中央集権に移行していく傾向がみられる。第4に、国内の治安状況から考えると、警察権をもっている道知事やソウル特別市長までも、住民の直接選挙で選ぶことになれば、国内の治安上重大な障害を起こす可能性がある。第5に、産業政策、糧穀政策、農地政策、国土計画など、全国的・統一的に行われなければならない行政分野が多く、またそれらは緊急を要する課題でもある（黄東駿（1957)、『行政法原論・上巻』、韓一文化社、259頁)。

14 当時の地方自治団体職員の任命、人事、解任権は中央政府にあり、地方自治団体や住民には全くその権限がなかった。そのため、地方自治団体の職員の情実人事が問題となっていたが、この弊害を排除するためには、地方自治団体の長を住民が直接選挙するか、または議会による間接選挙にするしかないというのが国会における支配的見解であった。こうした見解の裏面には地方団体職員の人事権の分権化を通じて国会議員の地盤形成を図ろうとする意図もあった（黄東駿、前掲書、260頁)。

この地方自治法には、議会による長の不信任議決権と長による議会の解散権が認められていた。地方議会の議決が、越権又は法令違反と認められるときには、当該地方自治団体の長はその理由を付して再議を要求する。再議決がふたたび法令違反と認められたときには、長は、議会を被告にして大法院（最高裁判所）に告訴することができる（自治法第119条)。また、地方議会の議決に予算上執行することができない経費が含まれているときや、①法令により地方自治団体がその義務として負担しなければならない経費、及び②非常災害に関する緊急措置、又は伝染病予防に必要な経費を削除する議決についても、当該地方自治団体の長はその理由を付して議会に再議を要求することができた。しかし、長の再議要求にもかかわらず、議会が前回と同一の議決を行った時には、長は、①の場合は、その議決を無視することができるが、②の場合は、その議決を長に対する不信任議決と見做すことができる（自治法第120条)。

地方議会による長の不信任議決は、議員定数の3分の2以上の出席と出席議員3分の2以上の賛成で成立する（自治法第120条)、議会で長の不信任議決が行われたときには、当該自治団体長は、その議決があった日から10日以内に、道知事及びソウル特別市長の場合は大統領の許可を得て、市邑面長の場合は道知事の許可を得て、議会を解散することができる（自治法第120条)。しかし、解散後初めて招集された議会が再び不信任議決を行った場合は、当該自治団体長は当然退職となる（自治法第121条)。

したがって、当時の地方自治法は、地方政府の組織形態として長と議会を分立させ、相互牽制し合う機関対立主義の大統領制を採用していたが、長と議会それぞれに議会解散権と不信任議決権を付与しており、その意味においては議院内閣制的な折衷型であったと言えよう。

5 住民の権利

地方自治法[15]には、住民の権利として、議員二人以上の紹介による請願権、地方議会議員の選挙権及び被選挙権が与えられ、また地方選挙に関する争訟として、選挙の公正のため地方住民の上級選挙管理委員会への住民訴請（不服申立）制度[16]、及び大法院出訴制度が設けられていた。さらに、「条例又は長の命令もしくはその処分が憲法または法律に違反すると認められたときには、住民100人以上の連署でその理由を明記して直接監督官庁に訴請する事ができる。この決定に対して異議があるときには、大法院に告訴することができる」（自治法第154条）という規定が置かれていた。しかし、日本の地方制度にあるような住民直接請求制度及び住民投票などの直接民主主義的制度は認められていなかった。

---

15 地方自治法は、地方自治団体の権限について「地方自治団体はその地方の公共事務と法令により、その団体に所属する事務を処理する（第3条2項）」「市・邑・面で施行する国家行政事務は、法令に他の規定がない限り、当該市・邑・面長に委任して行う（自治法第102条）」と規定して、極度の包括的委任主義を採択している。その結果、中央 - 道 - 市・郡 - 邑間の事務配分と、自治団体相互間における国務事務と自治事務との配分関係が明確ではなかった。1948年制定地方自治法間の問題点については、金甫炫・金庸来・前掲書、192~199頁に詳しく記述されている。

16 この制度は、住民100人以上の連署でその理由を付けて、道及びソウル特別市においては国務総理に、市邑面においては第1次的に道知事、第2次的に国務総理に訴請（不服申し立て）をすることができ、さらに、この決定に異議があるときは10日以内に大法院に出訴することができるという民衆出訴制度であった。

そもそも、この制度は戦後の日本の新しい地方制度の発足に際して、代表制民主制の欠陥の補強や住民の参政権の拡大という趣旨から取り入れられたものであり、そこにはこの制度の採用を促すアメリカ占領当局の強い意向があった。しかし、解放後政府樹立に至るまでの韓国の社会政治的情勢を鑑みると、当時としては「国民国家の建設と民族自主性の確立」が時代的要請であり、このために、国民の一体感と連帯意識が強く求められていた。したがって、「一部野心家の策動ないし党派的権力闘争等の有力な手段として利用され、その採用が地方政治に無用な混乱と摩擦をもたらす可能性がある」[17]という評価を日本でも受けたこの制度は、韓国ではその採用が一層困難であったといえるかも知れない。

第2節　地方自治法改編の政治過程

1949年7月4日地方自治法が制定・公布されることによって、韓国では史上初めて、民選地方議会の構成や自治団体長の選任方法に対する選挙規定が制定されることになった。その後、地方選挙制度は地方自治法が改正されるごとに内容が変更され、1961年の軍事クーデターにより地方自治が一時中断されるまでの約10年の間、5回にわたって修正されることになった。

5回にわたる地方自治法の改正過程を見ると、地方自治法の

17　高辻正巳（1960）、「直接選挙制度の改正」『自治研究』第26巻第7号、21頁。

改正の主導勢力はいずれも地方議会議員ではなく、中央の政治の主役、特に政権担当勢力であった。また地方自治法の改正をめぐる改治的論争や改正内容の中心となったのは、自治体の首長および議会の選挙制度であったのである。

自治法の改正はいつも政権党によって主導され、その改正時期もたいてい国政選挙の直前であった。すなわち政府与党は、選挙が予定されるごとに、地方行政組織を掌握するため、地方自治法を自分等に有利な内容へと改正したのである。その結果、地方選挙制度は常に中央政治の力学構造により左右されてきたと言われる[18]。

ここでは、韓国の地方自治法の改正、特に地方選挙関係の条項の改正過程を通じて、地方選挙制度が中央政治の力学構造の中でどのように改変されてきたかを考察する。

1　第1次地方自治法の改正（任命制と間選選挙制）

前節で見たように、韓国の地方自治法は、制定当時の韓国（「北朝鮮」の地域を除く）の行政区域である1特別市、9道、19市、134郡、1448面を各々の自治体の規模や性格とは関係なく、一括して規律したものである。地方自治団体の政府組織は、議決機関（議会）と執行機関（首長）に分離され、相互均衡・牽制し合うシステム（機関対立主義）を採っていた。

自治団体の種類は、地方自治団体を道とソウル持別市、及び市・邑・面の2種として設け、その自治団体の執行機関である

18　安清市・孫鳳淑（1986）、「韓國の地方選挙制度」、韓國政學會編『韓國政學會報』、第23輯第1号、42頁。

長については、道知事及びソウル特別市長は大統領により任命されていたが、市・邑・面長は市・邑・面議会員の投票による間接選挙制をとっていた。地方議会（議決機関）は住民の普通平等選挙で選ばれた議員により構成され、また議員は任期4年の名誉職であった。議員数は人口に比例して定められた。

1949年7月4日に制定された地方自治法は、その附則第1条の規定により、同年8月15日に施行されたが、政府樹立後の行政体制の様々な不備及び国内の治安状態不安定などの理由から、地方議会の議員選挙は無期限で延期された（地方議会の議員選挙日程については大統領令に委任されていた）。このため、地方議会の構成が長期間延期されることになり、議会の議決を要する事項についての権限代行の問題が生じた。また、議会により選挙されることになっている市邑面長が議会の未発足に伴って長期間選出されなかったため、彼等の任命についての経過措置（経過規定）をとる必要があった。また、臨時措置法[19]が失効したことによって生まれた根拠法のない状態を埋めるために急遽制定された自治法の法理的矛盾や法体制の不備の是正・補完の必要性も指摘された[20]。そこで、経過措置と、「拙速に制定された地方自治法の法理論上の矛盾点、現実的不合理性及び必須規

19　韓国政府の樹立後1948年11月17日法律第8号により制定、公布された「地方行政に関する臨時措置法」は、それまでの日本帝国時代の朝鮮総督府地方官官制を代替するため制定された国家の地方行政組織法であった。また臨時法は憲法の規定による自治法の制定を前提にした6ケ月の時限法であったため、1949年5月18日に失効し、あたらしい地方自治法が同年8月15日に施行されるまでの89日間は、地方自治の根拠になる根拠法が存在しなかった。したがって、その期間は、事案上地方行政に関する根拠法のない、いわゆる無法時代であった（盧隆熙（1964）「地方代議制的側面からみたわが国の地方自治発達」『行政論叢』、第2巻1号、ソウル大学行政大学院、269頁）。

20　安清市・孫鳳淑（1986）、「韓國の地方選挙制度」、韓國政學會編『韓國政學會報』、第23輯第1号、42頁。

定の不備などを整備する」ため[21]、法制定後わずか4ケ月も経ず、1949年12月15日に法律第73号により地方自治法の1次改正が行われることになった。

1次改正自治法の主な内容は以下のとおりである。まず地方議会が成立するまで、その議決を要する事項は、道及びソウル特別市においては内務長官の承認、市・邑・面においては道知事の承認を受けて実施する。又、地方議会が成立するまでは、市長は大統領が任命、邑・面長は道知事が任命する。そして洞・里長は地方自治法によって選挙が実施されるまで、従来の通りに任命または選挙によるという規定を新設した。その他、改正地方自治法の中には、地方議会の弱体化に向けた改正内容が含まれていた。すなわち、地方議会の議決事項に含まれていた訴願の受理処分権の削除、道知事の市邑面長に対する監督方法としての弾劾裁判所への知事の弾劾訴追権（改正前は地方議会における信託投票によっていた）の新設及び道、ソウル特別市、邑・面議会の議員定数算出方法の改正による定員数の減員規定などが設けられたのである。

ここで、初の地方議会構成の経過を考察してみよう。1次改正による経過措置がとられたことから、地方議会の議会選挙は明確な理由もなく延期されている中で、1950年6月25日に韓国戦争が勃発した。戦争によって地方自治は事実上、無期延期された状態になり、政府は国内各地に避難を余儀なくされる中で地方自治を考える余裕はなかった。しかし、政府は臨時首都釜山で急遽、地方議会の構成を決定・公布した。その背景には、当時の李承晩大統領の政治的思惑があったと思われる。すなわち当時、政府は第2代正・副統領の選挙を控えて、その直接選

21　韓坦澤（1986）、『都市の地方行政論』、法文社、87頁。

挙制を骨子とする改憲案を国会に提出していたが、それが野党の勢力が強い国会で否決された直後であった[22]。「制憲憲法」によると、大統領は国会で間接選挙されることになっていた。国会の間接選挙で初代大統領に選ばれた李承晩は、その後国会と円満な関係を維持できなかった。そのため李承晩は、野党勢力が強い国会による間接選挙では次期大統領に当選する可能性が殆どなくなり、どうしても国民が大統領を直接選挙する制度へと憲法を改正しなければならない立場にあったのである。したがって李承晩は、政府側の立場を支持する全国的な規模の政治的基盤を絶対的に必要とした。そこで、全国的な勢力基盤を確保する方法の一つとして考えられたのが地方議会の編成であった。李承晩政権[23]は、地方議会の編成を通じて、大統領直接選挙制

22 1950年に行われた第2代国会議員総選挙は李承晩勢力の敗北に終わった。そのため、国民からはカリスマ的存在である李承晩にとっては、大統領に再選されるためには、当時国会によって間接選挙となっていた大統領選挙を改正して国民の直接選挙制にかえることがどうしても必要だった。政府は1951年11月30日、大統領直接選挙制憲法改正案（第2次改憲案）を国会に提出した。しかし、この2次改憲案は、1952年1月18日、国会で採決に付された結果、出席議員163名中、賛成19、反対143、棄権1の圧倒的多数をもって否決された。

23 李承晩は、現行の憲法を大統領直接選挙制に改正するためには、国会で自分を支持してくれる政党の存在が必要であった。今まで国民からカリスマ的存在として政党無用論的立場をとってきた李承晩は、第2代国会議員選挙で自分を支持する勢力が急減し、大統領への再選も危うくなるや、初めて自分を支持する政党の必要性を痛感するようになり、自由党を結成することになる。自由党の結成運動は国会内（院内）と国会外（院外）で別々に推進され、まず院外においては国民会、大韓婦人会、大韓青年会、大韓労働組合総連合、大韓農民組合総連盟の代表者達が新党発起準備協議会を組織し、他方、院内においては李承晩を支持する共和民政会が新党発起院内準備委員会を組織した。しかし、新党を準備をしていた院内派が大統領間接選挙制と一院制採用に固執したことによって、李承晩が企図していた新党組織は院内自由党と院外自由党に分裂することになり、この結果、名前は同じであるが組織の異なる二つの自由党が同時に結成されるに至った。（1951年12月23日）。その後、二つの自由党においては、1952年半ばまでに、院内派が漸次院外派に吸収され、同年7月4日に国会で可決された「抜粋憲法改正案（第

への憲法改正に必要な民意を動員できる政治的基盤を構築しようとしたのである。結局、1952年4月25日には市・邑・面議会議員選挙が、同年5月10日には道議会議員選挙が実施されることになった[24]。この第1次地方選挙の結果は、〈表1-2〉で見られるように、李承晩政権の意図した通りの政府与党大勝利に終わった。自由党全体の当選率は、道議会では48%、邑・面議会では25%であるが、与党系団体である大韓青年団・大韓労働組合総連盟・国民会などを含めると、親与党勢力の当選率は60%にも達する。この選挙で当選した与党系地方議員らは、その後、大統領直接選挙制を骨子とする「抜粋改憲賢案」[25]の通過過程で

4次改憲案）波動後、李承晩中心の一つの自由党に再編成された。しかし、1952年4月頃の自由党は創党から5ケ月になったばかりで、しかも院内中心というより院外が中心となっていたため、国会内の勢力分布は依然として李承晩に不利であった。そこで、大統領直接選挙制への改憲のためには民意の動員が必要であり、その方法の一つとして地方議会の構成を考えたのである（孫鳳淑（1985）、『韓国地方自治研究』、三英社、25~31頁参考、または、尹景徹（1986）、『分断後の韓国政治』、木鐸社、133~138頁参考。また韓国の政党については、宋南憲（1975）、『解放30年史』、成文閣、李起夏（1961）、『韓国政党発達史』議会政治社、などを参照されたい）。

24 市邑面選挙においては、17市72邑1308面の有権者7,536,304名中、91%の6,836,734名が投票に参加して、市議員378名、邑議員1,115名、面議員19,051名を選出した。道議員選挙においては、有権者6,358,383名中約81%の5,165,266名が投票に参加して総候補者824名中306名の道議員を選出した（内務部発行（1960）、『地方行政選挙概要』、7~8頁参照）。

25 改憲をめぐり政局が不安定となり混乱が続いている中で張澤相国務総理を中心に、大統領直接選挙制改憲案と責任内閣制改案案の両方から、①国務委員（閣僚）は国務総理の推挙によって大統領が任命する。②国務院（内閣）に対する国会の不信任案可決は総議員3分の2以上の出席のもとに、出席議員の3分の2以上の賛成を必要とする。③国会は二院制を採択する。④大統領選挙は直接選挙制にするという妥協案を提示した。この妥協案を抜粋改憲案（第3次改憲案）と呼ぶ。政府はこれを支持し、国会通過を図るために警察官を動員して、国会出席を拒否した野党の国会議員を「案内」という名目で探し出した上で国会議事堂まで連行し、国会の定足数を確保させた。それとともに、諸事堂の周囲、警察官と暴力団によっ

起きた所謂「釜山政治波動」[26]で、警察とともに官製民意動員の主役を演じたのである。

て包囲し、文字通り脅迫的な雰囲気を作り出した。このようにして1952年7月4日、所謂「抜粋改案案」は殺伐たる状況の下で起立投票によって総議員166名中賛成163票、反対0、棄権3で可決された。これにより、戒厳令布告後40余日間臨時首都釜山を始め全国に広がった政治混乱は一段落となり、李承晩は自分の目的を果たした。韓国の憲法改正過程を詳しく見るためには、金雲泰外共著（1976)、『韓國政治論』、博英社、丘秉朔（1981)、『憲法學1』、博英社、文昌周（1965)『韓國政治論』一潮閣を参照されたい。又、日本語の本としては、尹景徹、前掲書、朴己出（1977)、『韓国政治史』、民族統一問題研究院などの書物があげられる。

26　1950年1月27日、野党の民主国民党は、無所属の協力を得て内閣責任制を骨子とする第1次改案を国会に提出した。これに対して李承晩は院内外で反対運動を展開した。「内閣責任制憲法下においては政局の混乱と不安が生じる」という主張のもとに、全国的な反対運動を操り広げていった。同年3月14日国会で第1次改憲案に対する採決が行われたが、賛成79、反対33、棄権66となり、賛成が3分の2に達せず否決された。その後、第2代国会議員選挙で完敗を喫し、院内少数派に転落した李承晩派は、国会での間接選挙による大統領再選の見込みを失ったため1951年11月30日、国民投票による大統領直接選挙制と上下二院制を骨子とする第2次改憲案を国会に提出した。

しかし、この改憲案は、1952年1月18日に国会の採決で国会議員の絶対多数の反対を受けて、否決された（出席議員163名中、賛成19、反対143、棄権1）改憲案が否決されるや、李承晩支持派である院外自由党・大韓青年団・大韓労働組合総連盟、国民会などは、行政府と強調して国会の決議を糾弾する運動を全国でくりひろげた。政府機関と御用団体とが一体となって行ったこの国民運動は、各地方で改憲否決反対の民衆大会、国会に対する抗議連判状の作成、否決に加わった国会議員召還国民大会などの形で進められ、一種の官製デモが日増しに激しく行われるようになった。このような緊迫した状況に乗じて院外自由党の支配下にあった7道議会は1952年5月29日までに国会の解散を促す決議をしたこともある。与野党の政治的対立が激化する中で副大統領金性洙も政府の暴政に反対して、副統領職を辞任した。一方、6月20日、李始栄、金性洙、張勉、趙炳玉、金昌淑等60余名の民主国民党中心の野党派釜山市の国際倶楽部で「反独裁護憲教国宣言大会」を開いたが、正体不明の暴漢による襲撃を受けて流血の事態が起り、大会が中止する事件が起こった。続いて6月25日の韓国戦争記念行事式典で李承晩大統領に対する狙撃未遂事件が発生して（李承晩狙撃の犯人は柳時泰、背後の黒幕は金始顕でいずれも事件直後逮捕されたが不明の点が多い事件であった)、

表 1-2 第 1 次地方議会議員の政党・団体別当選状況（1952 年）

単位：名（%）

	道議会	市議会	邑議会	面議会
自由党	148(48.0)	114(30.2)	274(24.6)	4056(25.3)
民主国民党	4(1.3)	7(1.9)	7(0.6)	21(0.1)
国民党	0(0)	2(0.5)	0(0)	16(0.1)
国民会	32(10.5)	29(7.7)	155(13.9)	2437(15.2)
大韓青年団	34(11.1)	40(10.6)	299(20.5)	2574(16.0)
大韓労働組合連盟	2(0.7)	5(1.3)	6(0.5)	12(0.1)
その他	2(0.7)	9(2.4)	14(1.3)	68(0.4)
無所属	85(27.8)	172(45.5)	430(36.6)	6867(42.8)
合計	306(100)	376(100)	1115(100)	16051(100)

出所：孫鳳淑 (1985)、『韓国地方自治研究』、三英社、140 頁

2 第 2 次地方自治法の改正（市・邑・面長の住民直接選挙制）

1952 年 4 月・5 月に構成された初の第 1 代地方議会の任期が終わる 56 年 2 月、自由党政府は、市・邑・面長の住民直接選挙

政局は一層緊張するに至って、政府は 5 月 25 日には「慶尚南道、全羅南、北道一帯にわたる共産ゲリラ残党一掃」という名目で釜山市と 23 郡に非常戒厳令を布告した。これらの一連の事件を「釜山政治波動」と呼ぶのである。

李承晩政権の第一共和国下の韓国政治動向について詳しい文献として、文昌周の前掲書、成昌煥（1995）『韓國経済論』章旺社、中央選挙管理委員会刊（1986）『大韓民國選挙史』、朴文玉の前掲書、金雲泰の前掲書、木村幹（2004）、『韓国における「権威主義的体制」の成立』、ミネルヴァ書房などがある。

制、議会の自治団体長に対する不信任権の削除、市邑面長と地方議会議員の任期短縮等を主な内容とする第２次地方自治法の改正をおこなった[27]。この第２次地方自治法の改正の動きは、政府内務部の主導下で始まるが当時の内務部地方局の改正案提案主旨[28]を見ると、次のように要約できる。①地方議会が成立する前には、地方自治法が条文としてのみ存在していたが、地方議会の成立に伴って、自治行政の運営において実際上の非能率及び矛盾が出てきた。②地方自治運営の失敗の主な責任は地方議会の運営にある。民主政治の意義は、能率より民主的統制にあるといわれるが、韓国の地方社会の政治的、社会的特殊性を考慮すると、能率の面を重要視すべきである。今の地方自治法は能率より地方行政の民主的統制に偏重しているので、民主的統制と能率を調和するような方向にむけて地方自治法を改正すべきである[29]。政府は以上のように説明した。

以上のような政府の改正理由に対して、当時のマスメディアは圧倒的に改正反対の立場に立っていた。持に時期尚早論を展開

27 第２次改正案の主な内容は、①市・邑・面長を住民が直接選挙する。②国務総理または道知事が、地方議会に対して有した自治団体の信任投票要求権と、地方議会の自治団体長の不信任議決権及び自治団体の長の議会解散権を廃止する。③地方議会の議員及び市・邑・面長の任期を従来の４年から３年へ短縮する。④地方議会の議員の定数を削減する。⑤議会の会議日数を制限する。⑥ソウル特別市を除いて、副市邑面長を当該市邑面長が道知事の承認を得て任命する。⑦議会の議決に対する自治団体の長による拒否権を付与するなどであった。

28 当時の内務部申庸雨地方局長の談話をみると、「地方議会が成立する前には地方自治法は制度的な存在のみであったので批判されることなかったが、地方議会の出現に伴って実際的な地方行政が運営されてから、現行法は様々な階層から批判されることになった。まず、地方団体側における議決機関又は執行機関もその改正を要求している。一般社会においても、地方議会又は自治団体の長に不満があれば、その責任は現行法にあるといわれている。」と、改正の理由を説明している（内務部（1958)、『内務行政治績史』、地方行政編、52~53頁)。

29 金甫炫・金庸来、前掲書、204頁参照。

した『韓国日報』の社説は、①この法はソウルにはまだ施行されていなかったので、完全な施行がされてないままでその改正を云々することは早すぎる。②正・副統領の選挙の直前である為、選挙の前でその改正を急ぐのは選挙との関連において、政府の改正主旨が善意であったとしても、その意図が疑われる。特に、それまで地方議会により間接選挙制であった邑・面長を、正・副統領の選挙の直前になって住民の直接選挙にすることは、その政治的背景が疑われる。③法を頻繁に改正することより地方自治を通じて、国民に責任を持つ代議政治の訓練を十分に行うほうが民主的基盤の構築に役立つと主張して、改正に反対した[30]。

政府の改正案に対する反対世論が強まる中で、地方議会議員等も反対見解を明らかにした。1956年1月9日、ソウルで全国地方議会議長会議が開かれ、前年度の全国道議会議長会議（1955年2月23日）で採択され、国会に提出された「地方自治制に関する建議書」を再確認し、また、「今回の政府の地方自治法改正案を見ると、地方議会を執行機関の諮問機関化する恐れがあるので、絶対反対する」という決議を行った。

全国道議長議会の建議書の主な内容は、

① 議会の自治団体長に対する不信任議決権削除への反対
② 議会の会議日数制限への反対
③ 地方議会議員定数削減への反対
④ 市・邑・面長及び議員の任期短縮への反対
⑤ 邑・面・洞・里長の任命制への反対
⑥ 道知事及びソウル特別市長の直接選挙制実施、などであった[31]。

---

30 『韓国日報』、1956年1月7日、社説。

31 『東亜日報』、1956年1月6日及び1月10日。

さらに、同年1月23日には、ソウルで再び全国地方議会代表者大会が開かれ、「現在国会に上程されている地方自治法改正案及び修正案は一方的な中央集権の強化を図るものであり、地方議会の任期短縮、定員削減、議会日数の制限、自治団体長に対する議会の不信任権の剥奪等は、憲法の立憲精神にも逆行することであるとともに、自治制の実施の基本理念にも背馳することである」との反対議決が行われた。そして、この議決が受け入れられない場合には全国地方議会の議員全員は総辞職することが決定されたのである[32]。

こうして、1952年の大統領直接選挙制改憲（抜粋改憲）をめぐって臨時首都釜山で起きた「釜山政治波動」の時には、政府の大統領直接選挙制改憲案を支持するために、国会を「捏造された民意」の代弁者としてその解散まで主張し、李承晩の手兵の役割を果たした地方議会の議員たちが、今度の第2次地方自治法の改正では地方自治の守護のために、また自分等の権益を保護するために、団結したのである。

ここで、第2次改正案をめぐる国会での与・野党の論議を略述しておこう。市邑面長の住民直接選挙制を骨子とする政府の改正案が国会に提出されると、野党は、市・邑・面長の選出を住民の直接選挙制にするならば、今まで政府が任命してきた道知事やソウル特別市長も住民の直接選挙で選ぶべきであると主張して、自治団体長の全面直接選挙制を要求した。自治団体長の全面直接選挙制という野党側の主張は、当時、政府側が正・副統領の選挙を国民の直接選挙制にするのが民主主義理念によ

32　全国地方議会代表者大会で採択された議決案には、国立警察制と地方警察制を樹立し、それを自治団体の長である道知事やソウル特別市長の管轄下に置くことによって行政の一元化を図る必要があるという内容も含まれていた。『東亜日報』、1956年1月25日。

り合致することであるとし、憲法の改正（第1次改憲＝抜粋改憲）が行われた後であったため、相当の説得力や「名分」を持つものであった。さらに市・邑・面長の選挙を住民の直接選挙制にしながら、政治意識が相対的に高いといわれるソウル特別市の市長の選出を任命制にするという政府の主張は、名分が立たなかった。

しかし、自由党政府は、都市地域では野党の勢力が優勢であり、主要上級地方自治団体の長に野党系の人物が選ばれる可能性が高かったため、道知事・ソウル特別市長については、従来通り任命制を主張した。自由党政府が地方議会によって選出された市邑面長を住民直接選挙にかえようとしたことは、住民自治権の拡張と言えるかもしれないが、それは名分上のことであり、その背景には住民による直接選挙制が自党にとって有利であるという政治的計算があってのことであった。すなわち、自由党政府は大統領の国民直接選挙制への改定により、第2代大統領選挙で絶対的支持を受けて李承晩が大統領に当選したこと[33]や、さらに1954年の第3代国会議会の選挙[34]でも勝利したことを考えて、こうした雰囲気や国民の支持が1956年の地方選挙まで続くと考えていたのである。

野党は1956年1月25日、黄南八議員等50人の賛成署名を得て、道知事やソウル特別市長の直接選挙制、自治団体長に対する議会の不信任権や議会に対する自治団体長の解散権の存続、洞・里長の直接選挙制等を骨子とする野党側の改正案を国会に

33 第2代大統領選挙は1952年8月5日に実施された。総有権者数8,259,428人、投票率88.0%、立候補者数4人、当選者（李承晩）の得票数74%であった。

34 1954年6月8日実施された第3代国会議員選挙結果、各党の議席激は定員203名中、自由党114名、無所属67名、民主国民党15名、国民会3名、大韓国民党3名、制憲国会議員同志会1名であった。

提出した。

これに対して自由党は、同年2月8日自由党院内政策委員会や各分科委員長の会議を開いて、自治団体長の全面直接選挙制反対の決議を採択すると同時に、市・邑・面長や洞・里長の住民直接選挙制、自治団体長に対する議会の不信任議決権の廃止等を骨子とする改正案を国会に提出した。結局、国会の議席数で有勢であった与党自由党の改正案が2月10日国会を通過し、2月13日法律385号として公布されたのである。

3　第3次改正（市・邑・面長の任命制）

1956年2月に改正された地方自治法（第2次改正法）によると、同年8月には第2次地方選挙が実施される予定であった。しかし、政府は第2次改正法による地方選挙が施行される前、再び第3次地方自治法改正案を急いで国会に提出した。第3次改正の主要争点となったのは、第一に第2次改正法において道議会の議員の数を国会議員の2倍によるとした規定（自治法第12条第1項）であり、第二に第2次改正法の附則に規定されていた既得権不認定に関する条項であった。

第3次改正の理由について、金甫炫らは次のように述べている。第2次改正時、地方議会の議員数を削減するために、当時の国会が政府案を修正して、道議会議員数を該当道から選出される国会議員数の倍数にするとしたが、これが当初の意図とは違って、かえって道議会議員の数を増加させる結果となった。これ対しては、国会議員が道議会の議員を増やして道議員の地方における政治的基盤を弱化させることにより、国会の自己保身を図ることにその目的があったという社会的な非難があった。そこで国会はこの条項を修正してその避難を免れるため、地方自治法の第3次改正を行ったのである[35]。

しかし、第2次改正を行ってからわずか5ケ月後、政府が再び第3次改正を行った大きな理由は、後述のように、政府自由党の政治的利害関係に再び求められよう。第2次改正により、地方議会の議員及び市邑面の長の任期が従来の4年から3年となったことに伴い、第2次改正法の附則第3条、第4条にしたがって、遅くとも1956年8月15日までに地方選挙が案施されることになっていた。この場合既に任期が満了した者は選挙の投票日まで在任を延長されていたが、その任期が満了しなかった者に対してはその任期が満了したと見做して、地方選挙を一括して実施することになっていた。ところが、第3次改正ではこれを再び改正して、第2次改正以前に当選した市邑面長は従来の規定により、任期4年をそのまま維持する（選挙前日まで任期が満了した者はその任期が終わったことにするが、まだ任期が残っている者はその法定任期が満了するまでその任期を認定して、8月選挙から除外する）という内容にして、その任期についての既得権を認定した。この既得権の問題については第2次改正に際して、与野党間で議論されたが、その際、野党は既得権の認定を主張し、与党自由党は反対したのである。結局、自分たちの望む通り既得権を認定しないという内容で第2次改正を行った自由党が、今度は既得権を認める改正を主張したのである。

同改正案は、1956年7月8日国会の本会議で、反対の野党議員全員が総退場する中で、与党自由党議員のみの出席で通過し

35　金甫炫・金庸来、前掲書、206頁。

た。この法案の成立により、同年8月に行われた地方選挙では、全国の市邑面長の60%と、地方議会全体議員の1%が選挙で除外され、残余任期を果たすことになった[36]。

自由党が公党としての大義名分までも犠牲にしながら第3次改正を行ったことには、政治的計算があった。即ち、第2次改正を断行した1956年の2月の時点では、政府自由党は地方議会による地方自治団体の長の選挙より住民の直接選挙の方が自党に有利であると判断したのである。しかし、その第2次改正の3ケ月後に実施された1956年5月15日の第3代正・副統領選挙の結果[37]は自由党に大きな衝撃を与えた。自由党は当初、李

---

36 全国26市のうち20市長、76邑のうち46邑長、1,389面のうち845面長が既得権を保有することになった。また全国17,232市邑面議会議員のうち195名の既得権が認められることになった。中央選挙管理委員会（1973）、『大韓民國選挙學史』、第1号、1401~1407頁、及び内務部（1966）、『韓國地方行政史』、大韓地方行政協会、467頁参照。

37 第3代正・副統領選挙は1956年5月15日に実施された。1954年11月第2次憲法改正によって大統領3選出馬の門戸を開いた自由党は、大統領候補に李承晩、副大統領候補に李起鵬を指名した。野党民主党大統領候補に申翼熙、副統領候補に張勉を指名した。選挙が終盤戦に近づくと、李承晩の独裁政治に不満を抱いた国民大衆は野党民主党に支持を送り、政権交代の可能性が濃厚になりつつあった。ところが、民主党の大統領候補申翼熙が選挙遊説のため全羅北道に行く途中の列車の中で脳溢血により突然死去してしまった。民主党は大統領候補のない副統領候補だけの選挙運動を展開した。選挙の結果は大統領候捕の李承晩に504万6437票。進歩党の曹奉岩に216万3808票が投ぜられ、故申翼熙追慕投票と見做された約100万票の白紙票があって、大統領には李承晩が3度目の当選となった。副統領には、民主党の張勉が401万2654票、自由党の李起鵬が380万5502票を獲得し、民主党に自由党が敗北した。同一政党から正副統領が選出されるのが常識であるのにもかかわらず、与野党から各々正副統領が選出されたという事実は、自由党の長期政権に反対し新しい政治を渇望している国民の意思表明であったといえよう。この時期の韓国政治について詳しく書いている日本語の書物としては、関寛植（1969)、『韓国現代政治史』、世界思想社、1969年、尹景徹、前掲書、朴己出、前掲書、林建彦（1976)、『韓国現代史』、至誠堂、木村幹、前掲書などがあげられる。

承晩と並んで副大統領には自党の李起鵬候補が無難に選出されると予想していた。しかし結果は、大統領には李承晩が選ばれたものの、副統領選では李起鵬候補が落選し、野党民主党の張勉候補が当選したのである。自由党は自党の副大統領候補の落選から大きな衝撃を受けるとともに、今度は3ケ月後に迫ってきた地方選挙に不安を抱くようになった。すなわち、正・副統領選挙で大都市地域を中心に広がった野党ブームが8月の地方選挙まで続くことになれば、地方行政の中枢的な役割を担当する市・邑・面長の職に野党系の人物が大挙進出する恐れがあり、現在自由党が保有している地方議会の議員及び自治団体の長を確保することもできないのではないかと不安を感じたのである。また、2年後の1958年に行われる国会選挙を控えて、地方自治団体の長を自由党出身にすることは必須課題である、と自由党は考えたのである。

このような自由党の政治的計算から、地方自治法の第3次改正は、地方自治の理念や発展とは関係なく、政権党の政治的目的を達成するために断行されたものであり、12年間にわたる李承晩政権下における幾つかの「改悪」[38]に次ぐ政治的改悪

---

38 李承晩政権下における改悪としていわれるものは、第1次憲法改正と第2次憲法改正がそれである。抜粋改憲といわれる第1次憲法改正とは、1952年7月4日李承晩大統領が国会の間接選挙によって再選しにくいと考えて、正・副統領の国民直接選挙制及び上・下両院制を骨子とする憲法改正案を、野党の国会議員の強制連行、軟禁を通じて、また起立公開投票の形で国会を通過させ、改憲を行ったことをいう。又、第2次憲法改正は、1954年11月に与党自由党が李承晩の終身大統領を企図して行った憲法改正である。当時韓国の憲法は大統領の三選禁止を規定していたため、この条項を初代大統領に限り適用しないという内容に替えるための改正であった。この改憲案は1954年11月27日国会本会議で表決に付されたが、その結果、総議員203名中、賛成135、反対60、無効1、欠席1で改憲改正に必要な136票（在籍議員の3分の2）に1票不足でその否決が宣言された。ところが自由党はその翌日「改憲に必要な203票の3分の2の正確な数値は、

であった[39]。

4　第4次地方自治法の改正（市・邑・面長の任命制）

3次にわたって改正された地方自治法は、さらに1958年12月24日に第4次改正を経て、同年12月26日に法律第501号として公布された。この第4次改正は、いわば「2.4政治波動」[40]という政治的激動の中において、自由党議員のみの出席による強行採決で行われた。改正案の主要骨子は、次のとおりである。

① 市・邑・面長の任命制及び市・邑・面議会による長に対する不信任議決権を復活した。すなわち、市長は道知事の推薦で内務部長官を経由して大統領により、邑・面長は郡守（郡長）の推薦で道知事により任命されることを定めた。

② 地方議会が法定会議日数を超過した場合、上級監督庁

135.333…であり、自然人を整数にあらざる小数点以下まで分けることはできないから四捨五入の数字の論理によって、最も近い近似値である135を得た改憲案は可決されたと見徹すべきであり、否決宣言は錯誤によるものである」と発表し、翌29日、再開された国会では否決宣言を覆して改憲可決を宣言した。このようなことから、第2次改憲は「四捨五入改憲」あるいは「三選改憲」ともいわれる。

39　孫鳳淑、前掲書、81頁。

40　2・4政治波動とは、新国家保安法と第4次地方自治法改正を巡り与・野党が激しく対立した政局をいう。つまり、次期選挙に対応するため自由党は自治団体長の任命制への第4次地方自治法改正を急ぎながら、共産間諜索出という名目によって新国家保安法を策定した。これに対して、野党は、これは野党や言論界を弾圧するための法案であると激しく反対した。しかし、1958年12月24日、自由党は武術警衛を使って、無期限篭城をしていた野党議員を議事堂の外に連れ出して地下食堂に軟禁し、自由党議員のみの表決で新国家保安法案及び第4次地方自治法改正案を通過させた。これがいわゆる2・4政治波動である。

（道・ソウル市の場合は内務部長官、市の場合は道知事、邑・面の場合は郡守）がその閉会を命ずることができるようにした。

③ 議会閉会中の場合の委員会開催制度を廃止した。

④ 地方議会の議員の任期を3年から再び4年に延長した。

⑤ 住民の直接選挙により選出されていた洞・里長[41]の、選任方法を任命制に変更した。

⑥ 地方議会の議長団に対する不信任制度を廃止した。

表面上の改正理由は次の通りである。

第4次改正の理由について、当時の国会内務委員会で行われた金一煥内務長官の地方自治改正案提案説明[42]によれば、次の3点があげられている。第1に、市・邑・面長の住民直接選挙制を任命制にかえる理由について、最初に実施された地方議会による長の選挙制（間接選挙制）下では、地方議員と長の候補者との間に請託または癒着が生じた。また長は当選後も選挙と関連して公正な事務執行ができなかった。従って、これらの問題点を解決するために、第2次地方自治法の改正で長の間接選挙制を直接選挙制に転換した。しかし、直接選挙制の下では、①市邑面長が必ずしも人物本位で選ばれない。②市・邑・面の人事が公正に行われない。③上級行政機関の監督・指導が軽視される。④長は再選のための人気政策のみに関心を持つ。⑤選挙費の支出が多すぎる。⑥長の候補者を巡っての地方住民の対立・摩擦が生じるなど、その弊害が多かった。したがって、これら

41 洞、里は邑・面の下部行政組織である。

42 『第30回國會内務委員會速記録』第8号、1~3頁、及び内務部（1958）『内務行政治積史』71~74頁。

の弊害を解決するためには長の任命制が妥当である。また、市・邑・面の行政の7~8割は委任事務であり、その経費の大部分は国庫補助金によって賄っているため、地方行政の運営を強化するという点からも任命制が妥当である。第2に、地方議会の委員会の常設化に伴う時間及び経費の無駄遣いを改め、地方議会の閉会中には委員会を開催しないようにした方がよい。第3に、第2次改正の時、地方議会議員の任期を4年から3年としたが、職務への熟達及び能率の向上という点から考えると、その任期を4年に延長する必要がある。

当時、政府は以上の理由を挙げて第4次地方自治法の改正を断行したが、次のような政治的計算があった。

しかし、実際上の理由は次の通りである。

先述したように、第2次改正によって市邑面長及び地方議員の任期が従来の4年から3年に短縮された結果、市邑面長及び地方議員の中には任期未了のまま第2次地方選挙に臨む者が多かった。しかしその後、自由党は、この選挙での自党の敗北を恐れて、第3次改正を行い、1958年8月15日以前、任期満了者だけの第2次地方選挙を実施した。ところが、この3次改正の結果、地方選挙はきわめて混乱した状況に陥った。すなわち、第2次地方選挙当時、選挙が行われた市邑面長は全体の40%に過ぎず、残りの60%はその任期の既得権が認められ、その任期の満了時期が選挙の対象となった[43]。

したがって、8月の選挙後、任期満了となった市邑面長及び地方議会議員の選挙が随時行われることになった。その結果、

43　第3次改正の附則条項の改正により1956年8月8日と8月13日の第2次地方選挙当時、全体の60%の自治団体長が任期既得権を保有することになったため、第2次地方選挙では40%の自治団体の長の選挙が行われた（中央選挙管理委員会(1973)、『大韓民國選挙史』第1輯、1401~1407頁参照)。

1956年には47件、57年には600件、さらに58年には330件の地方選挙が実施され[44]、「選挙のない日がない」といわれるほどであった。

さらに、1958年6月7日に行われた第4代国会選挙[45]を契機に都市地域での野党の人気は上昇の勢いを見せていた。このような雰囲気の中で、野党は地方選挙でも有利に立ち、57年と58年に実施された8市（大田、金泉、晋州、清州、順天、麗水、光州、大邱）の市長選挙のうち、5市（金泉、順天、麗水、光州、大邱）で野党民主党の候補が当選することになった。特に、1958年10月2日の大邱市長選挙における野党民主党の趙俊泳候補者の圧倒的な票差での当選は自由党に大きな衝撃を与えた[46]。翌1959年には、釜山、馬山などの大都市の市長選挙をはじめ、全国26市のうち、15市長の残余任期満了後の選挙を控えており、与党自由党の不安はますます高まったのである。

このような状況の中で、自由党を含む政府は、続く地方選挙において自由党の敗北は確実であると判断して、市・邑・面長の任命制を内容とする地方自治法の改正でその突破口を探ろうとしたのである。さらに政府自由党は地方議会議員の任期を既存の3年から4年と改正したが、これは、来る1960年の正・副大統領選挙のための政治的布石でもあった。すなわち、現行の議員任期3年では現職の議員の任期が1959年8月に満了となるが、議員の任期を4年にした場合は1960年8月まで在任できる

44　内務部（1966）『韓国地方行政史』大韓地方行政協会、475頁。

45　第4代国会議員（民議員）選挙の結果、各党の議席数は、定員293名中、自由党126名、民主党79名、無所属79名、統一党1名となった。第3代国会の各党の議席数に比べると、野党民主党の議席が大幅に増加した。

46　大邱市史編纂委員会編（1973）、『大邱市史』第3巻、158頁。選挙結果は、自由党の裵庭遠候補が15,890票、民主党の超俊泳候補が98,780票をそれぞれ獲得した。

ことになる。言い換えれば、政府自由党は、議員の任期を4年と延長することによって、与党勢力が強い地方議会を1960年の大統領選挙のときまで維持し、活用したいと考えたのである。

結局、地方自治法の第4次改正により市・邑・面長の住民直接選挙制は任命制に変更され、住民によって選出される自治団体長は存在しなくなった。このような第4次改正により、地方自治はより形式的なものになった。

とりわけ、「2・4政治波動」の原因である国家保安法の改正及び第4次地方自治法の改正を強行した李承晩政権の狙いは、来る大統領選挙と総選挙を控えて国民からの支持の喪失や大衆の政治感情の悪化を恐れて、政府を批判する言論界を弾圧するとともに、野党の活動を封じ込めることにあったと言える[47]。つまり、次期選挙に対応するため、自由党は、自治団長の任命制への地方自治法の改正を急ぎながら、「共産間諜索出」という名目によって新国家保安法をつくり（既存の保安法改正）、野党と言論界の弾圧を試みた。これに対して野党及び言論界は必死に反対したが[48]、1958年12月24日、自由党は武術警衛を使い、無期限篭城闘争をしていた野党議員を議事堂の外に連れ出したうえ地下食堂に軟禁して、自由党議員のみの表決で新国家保安法案及び第4次地方自治法改正案を通過させた。これがいわゆる2・4政治波動である。したがって、当時韓国の地方自治制度は、長期政権を狙う李政権の政治的手段としてその犠牲になったと

47　尹景徹、前掲書、165頁。

48　野党側は、既存の刑法、国家保安法、国防警備法及び海岸警備法等の諸法律を適用すれば、新しい法律を制定しなくてもスパイの取り締まりは可能であると主張すると同時に、政府与党が市・邑・面長を任命制にする目的は、与党に忠実な人物をこれら職に任命し、次回の選挙を有利に戦うためである、と非難した（閔寛植、前掲書、103頁）。

言わざるを得ない。ある論者は、第4次改正について、「実質的民主主義を云々しながら、英米の新中央集権化の現状と韓国の地方行政における行政の能率化を同一平面において比較し、地方自治法改正の必要性を主張することは、新中央集権主義が何たるかを知らない者たちの主張であろう。そうでなければ、韓国の地方行政を官治化しようとする明白な意図を覆い隠そうとする者の言辞であるといわざるを得ない。とにかく地方自治法の第4次改正により、韓国の地方自治制度は半官治的自治へ変質した」[49]と述べている。

以上のように、与党である自由党は、自党にとって有利であると判断したときには、憲法であれ、地方自治法であれ、その改正を積極的に行った。特に、選挙のたびにまず地方行政組織を掌握しようとしたため、頻繁に地方自治法を改正せざるを得なかった[50]。10年間の第一共和国下で、地方自治制の定着や発展とは関係なく、政権党の政権延長のために4次にわたって断行された地方自治法の改正は、結局自由党の第一共和国の政治的運命を左右することになった。

---

49 金甫炫・金庸来、前掲書、208頁。

50 これは、韓国の政治過程において、政権担当勢力が権力を掌握・維持するためには地方行政組織がどれ程重要であったかを示唆するものである。

第3節 第二共和国期の第5次改正地方自治法（全面的な直選制）

自由党政権の独裁政治と腐敗に対する国民大衆の反発は、1960年3月15日に行われた第4代正・副統領選挙における、自由党政府の大規模な不正選挙を契機に爆発した。馬山をはじめとする全国各地での一連の学生デモが、最初は「不正選挙をやりなおせ」という不正選挙糾弾から始まり、最終的には全国各都市における学生・市民の李承晩政権打倒の「4・19革命」[51]に繋がり、1951年から1960年までの自由党一党独裁を崩壊させ、第二共和国の民主党政権[52]を誕生させた。

4･19革命の以後の暫定政府[53]は、憲法の大幅な改正（第3次

---

51 1930年4月19日、馬山で起きた学生・市民のデモから、同年4月26日、李承晩大統領の下野までの一連の激しい社会状況を4・19革命と呼ぶ。この4・19革命に対して、それが真に革命といえるか、あるいは単に李承晩政権下の不正選挙を糾弾し再選挙を主張した一般国民の自然発生的抗議行動に過ぎないかについて、一時議論が盛んになったことがある。しかし、これは既成観念としての革命と韓国の具体的現実の乖離から生じた概念的混乱ともいえる。4・19革命を成功させた中心勢力が、政治集団ではなく学生層であったという事実は、これを消極的に評価する場合、確かに非政治的人々による独裁体制への自然発生的抗議であり、支配階級の交代を伴うような革命行動ではなかったといえよう。

しかし、当時全国に広まった国民大衆の反感を、既成世代より一方前進した「学園内の行動的知性」が率先代行して、李政権の崩壊を可能にしたことは、正に革命的行動であったといえる（尹景徹、前掲書、189~190頁）。

52 民主党政権は1960年8月から1961年5月までである。

53 「4・19革命」は、組織的・革命的政治集団によって成就されたものではなく、組織されぬ群衆の力によって成し遂げられたものであったため、初めから政権を担当する力量を持った者も、あるいはそのための準備も皆無であった。従って、革命後の政局収拾は、革命とは直接関係なかった既成政治家、換言すれば既存の国会によって行わざるを得なかった。国会は4月26日国会決議を行い、内閣責任制導入のための憲法改正を行うことと、新政府樹立まで政局の収拾は暫定政府に

憲法改正1960年6月15日公布）を通じて従来の中央集権的な大統領中心制を廃止し、代わりに議会中心の内閣責任制（議院内閣制）を導入した。また国民の参政権を拡大して、議会制民主主義を実現し、地方分権及び地方自治を強化するための大胆な改革を断行した。その意味で、この時期は従来「民主主義の実践期」といわれてきた。地方自治についても、改正憲法は従来の地方自治に関する条項を改正して、地方自治団体長の選任方法を法律で定めることとしたが、少なくとも市邑面長はその住民の直接選挙による（憲法97条）と規定して、基礎的自治団体の自己機関選任原則を憲法において保障した。ある論者は、この時期を「地方自治の理想期」[54]であったとさえ述べている。地方自治制度の充実が実現した時期であったということができる。

1 改正の経緯

韓国の地方自治は、1949年4月8日地方自治法が成立して以

委ねることを決めた。この暫定政府の組閣は許政に任された。許政は李承晩政権末期の外務官を務めた人であり、李大統領の辞任と共に自らもその職を退こうとしたが、民主党と国会の要請によって暫定政府の組閣を引き受け改革後の難局に対処することになったのである。

許政を首班とする暫定内閣は4月28日発足した。許政内閣は「非革命的方法で革命的改革を断行することが自らの目的である」（韓昇洲（1983）、『第二共和國の韓國の民主主義』、鍾路書籍、59頁）とし、主要政策として、①反共親米政策の踏襲②不正選挙首謀者の処罰③保安法、地方自治法などの諸法の改廃④韓日関係の正常化⑤責任内閣制導入のための改憲の現実と改憲に伴う総選挙の公正な管理などをあげ、1960年8月20日張勉内閣が誕生するまでに暫定政府の役割を果たした。

54 この期について、金甫炫・金庸来「素朴な地方自治理想期」と表現している（金甫炫・金庸来、前掲書、187頁）。

来、第一共和国下において政府自由党の政治的目的により4次にわたって改正される間、半官治的自治に変質してしまったが、4・19革命によって第一共和国が倒れ、第二共和国が成立するという歴史的政治的大激変の過程で、一大転換を迎えることになる。4・19革命の理念は、いうまでもなく12年間積み重ねられた非民主的独裁政治と腐敗政治とを打破して、自由民主主義を実現することであった[55]。したがって、自由民主主義の実現のための「国政の民主化」はもちろんのこと、国政の重要な一部分を形成している地方行政の民主化のための地方自治制度の改正も当然に要求された。1960年6月15日に公布された内閣責任制を骨子とする第二共和国の改正憲法は、第97条2項に「地方自治団体の長の選任方法は法律で定めるが、市・邑・面の長はその住民の直接選挙により構成する」という規定を置き、地方自治の制度的保障への一歩が踏み出された。以上のような背景のもとで、1960年7月29日の民・参両議院議員の総選挙により第5代国会が構成された後、最初の臨時国会で地方自治法改正基礎委員会が組織され、この委員会が地方自治法改正案を作成し、国会に提出した。国会に提出された改正案は、約1ケ月の審議を経て、同年9月27日民議院を、10月22日には参議院を通過し、同年11月1日法律第563号として公布された。

2　道知事、ソウル特別市長の選任方法をめぐる議論

第5代国会の成立後、最初の臨時国会で地方自治法改正基礎委員会が組織され、改正のための基礎作業が行われた。そこで

55　金甫炫・金庸来、前掲書、210頁。

は道知事の選任方法をめぐり、活発な議論が交わされた。ソウル特別市長の選任は住民の直接選挙で選ぶことでは基礎委員会において満場一致で合意を見たが、道知事の選任方法をめぐっては選挙制を主張する側と任命制を主張する側との間に議論が続き、結局両側の主張の妥協案として、道知事は内務長官の推薦により国務総理が任命するが、当該道議会の同意を得なければならない。もし2次にわたっても道議会の同意を得られなかった場合は、当該道の道議会議員と各市・邑・面議会の議長が推薦した候補者を国務総理が任命するという案を採択して国会に提出した。

基礎委員会がこのような案を採択した理由としては、次の4点があげられた。

① 地方自治構造における道の地位は、基礎的・第1次的地方自治団体である市・邑・面を包括する第2次的補完的自治団体である。したがって、地方自治の民主化という理念は市・邑・面を完全自治化することにより達成でき、地方行政のもう一つの目的である産業開発や能率化の理念は、道知事が国家機関として、また同時に自治団体の長でもあるという二重的性格を持つことにより達成できる。

② 道知事を直接選挙してその身分を純粋な自治団体の公務員とした場合、国家機関である郡守（郡庁は自治団体ではなく国の行政機関であった）と道・郡に配属されている国家公務員も、自治団体の公務員としての身分に変更しなければならない。そうなった場合、道と郡とにおいて総合行政を担当する国家機関は存在しなくなる。

③ 道には、自治事務よりは国家事務の方がはるかに多いことから、道知事を選挙制にすると、国家の地方行政遂行

上大きな障害が起こる可能性がある。

④ 道知事を選挙制にした場合、中央の行政機関は地方における各々の特別地方官署あるいは出張所を濫設することになり、地方行政における総合調整を難しくすると同時に行政経費の増大をもたらすことになる[56]。

この基礎委員会の提出案についても、民議院本会議の審議の過程においても、地方自治団体長の任命制を主張する民主党の「新派」[57]と住民の直接選挙制を主張する民主党の「旧派」との間で、再び活発な議論が交わされた。1960年9月16日、改正案の第1議会が行われた本会議では、新派の成泰慶議員が「革命の課業を達成するためには強力な行政が必要であるから、道知事は任命されるべきである」と主張した。これに対して、道知事の直接選挙制を主張する旧派の洪檣植議員は「完全な自治を実現するためには道知事の直接選挙制しかない」と主張した[58]。新・旧両派の主張を要約すると、以下のようになる。

まず新派は、自治団体長の任命制を主張する理由として、

① 道の行政の8割は国家事務であり、自治事務は2割に過ぎない。

---

56 地方自治法改正案基礎特別委員会油印物「地方自治法改正法律案提案説明書」、及び内務部『地方選挙行政概要』(前掲書)、44~46頁参照。

57 民主党は当初、北朝鮮の平安道出身のグループ(主にキリスト教及び興士団〈独立運動の指導者を養成するために安昌浩が作った団体〉系)と旧自由党議員の一部及び韓国民主党、民主国民党の系統を引く保守勢力(主に中南部地方出身)が集合して結成されたものであったが、民主党の勢力が増大するにつれて前者の勢力は新派、後者の勢力は旧派と呼ばれ派閥争いを展開することになった。第二共和国成立時には、新派(代表張勉)が政権を掌握し、旧派(代表尹潽善)は民主党から離れて別に新民党を組織した。だが両派間に政治的理念の差は基本的にはなかった。

58 『京郷新聞』、1960年9月16日、夕刊。

② 道と郡の間には行政体系上の一貫性が必要である。
③ まだ地方財政が不十分であり、道の地方財政は国からの補助金に依存している。

などを挙げた[59]。

表 1-3 地方自治体の歳入構成

単位：名（%）

区分／年度	総計予算規模		地方税額		国庫依存収入	
	予算実数	実数	実数	指数	実数	比率（%）
1953	799	100	156	100	516	64.5
1954	2,913	364	596	382	1,908	65.5
1956	7,921	991	1,380	884	5,587	70.5
1957	8,523	1,066	1,209	775	6,134	71.9
1958	10,622	1,329	1,516	978	7,663	72.1
1959	12,666	1,585	2,072	1,328	9,019	71.2
1960	13,713	1,714	2,124	1,361	9,912	72.3

出所：金秉燦他 (1995)、『50 年代地方自治』、ソウル大学出版部、81 頁 ~83 頁参考

これに対して旧派は、
① 過度な中央集権体制を是正するためには行政権の地方移譲が必要である。
② 郡制は廃止してもよい。
③ 地方財政の問題は国税の徴収権を地方に大幅に移譲すれば解決できる。

59　1960 年代当時の地方財政の国庫依存度は 72.3% であった（孫鳳淑、前掲書、62 頁）。

④ 自治団体長を任命制にした場合は公正な人事が期待できない。

⑤ 何よりも民主党が野党であったとき、一貫して主張してきた地方自治団体の長の直接選挙制を、いま政権党になったといって変更することは公党としての名分がない。

と自治団体長の直接選挙制を主張した[60]。

結局、民議院では道知事を住民の直接選挙にしなくては完全な地方自治ができないという旧派の主張が認められ、道知事の直接選挙案が、同年9月27日、議院総数156人中賛成94票、反対5票で本会議を通過したが、新派は殆どが棄権してその反対の意を表明した。このような法改正の背景として、「道知事を一度選挙するのに6億円という金がかかることや、行政の非能率性があることを知りながら、道知事の直接選挙制を選んだ理由は、民主主義の基礎である地方自治を放棄することができないからである」[61]と述べた新聞社説に象徴されるような雰囲気があり、この雰囲気を国会議員も否定することができなかったのである。

民議院を通過した改正案は参議院に移送され、同年10月18日から参議院の審議が始まった。民主党の旧派は原案通りの通過を主張したが、民主党の新派や参友倶楽部（無所属議員と野党の議員が作った参議院の院内交渉団体）は政府任命の副知事制の創設を新たに主張した。民主党の旧派は、「新派が副知事制を主張するのは政権延長のためである」と非難しつつ、住民の直接選挙で選ばれた野党系知事と政府圧命の与党系副知事が対立した場合、副知事の任命制は地方の世論と中失の方針との間

60　孫鳳淑、前掲書、87頁。

61　『韓国日報』、1960年9月27日、社説。

に不必要な摩擦が生じる可能性があり、むしろ地方行政に混乱をもたらす恐れがあると反対した。これに対して民主党の新派は、道知事の直接選挙制の欠陥を補完するためには副知事の新設は必要不可欠なものであると主張した。両側の主張は平行線をたどり、結局、「参議院の本会議では原案通り修正なしで通過させる。その代わり、新しい改正地方自治法のもとで地方選挙が行われる前に再び副知事制を創設する趣旨の地方自治法改正案を民議院に提出する」という条件で政治的妥協に達した[62]。こうして第4次改正地方自治法は、同年10月22日参議院の本会議で議員総数53名中、賛成48票、棄権5票で通過し、11月1日法律第563号として公布された。

3 改正の内容

全文67箇条にわたる広範な改正が行われた第5次地方自治法改正の主な内容は以下の通りである。

① 地方議会の議員定数を再調整した。即ち、道議会議員の定数の定めについて従来の人口比例制から民議員選挙区を基準として改正し、道においては民議院議員選挙区毎に2名ずつ、ソウル特別市においては3名ずつ、済州道においては6名ずつにして、人口5万未満の民議院選挙区においては1名にし、一律に2・3・6・1の原則を樹立した。その結果市道議会の議員数は全国438名から493名になり、55名増加した。

② 選挙権年齢を21歳から20歳に引き下げた。

62 孫鳳淑、前掲書、88頁。

③ 自治団体長の被選挙権年齢を満25歳以上、道知事及びソウル特別市の被選挙権年齢を満30歳以上と改正した。

④ 不在者投票制度に関しては、国会議員選挙法第17条第13項及び第4項の規定を準用する。

⑤ 任命制であった道知事、ソウル特別市長、市邑面長など全国の地方自治団体の長を住民の直接選挙制に改正した。

⑥ 地方自治団体長の任期を4年にした。

⑦ 内務部長官はソウル特別市長、道知事、市長が法令に違反したとき、懲戒委員会にその懲戒を要求する権限を新設し、また道知事は邑・面長が法令に違反したとき、邑・面長懲戒委員会に懲戒を要求することができるとした。

⑧ 地方議会の会議日数を12月の定例会議を除いて、ソウル特別市は80日・道及び人口50万以上の市は70日、その他の市は50日、邑・面は30日に制限した。

図 1-2　地方自治団体長の選任方式の変化状況

[ソウル特別市長・道知事選任方式の変化状況]

任命制 →	直選制
1949年7月4日	1960年11月1日
(11年4ヶ月間)	(10ヶ月間)

[市・邑・面長の選任方式の変化状況]

間接選制 →	直接選制 →	任命制 →	直選制
1949年7月4日	1956年2月13日	1958年12月26日	1960年11月1日
(6年5ヶ月)	(2年10ヶ月)	(1年10ヶ月)	(10ヶ月)

出所：孫鳳淑 (1985)、『韓国地方自治研究』、三英社、207頁

小結

以上、簡単ではあるが、第一・第二共和国期の韓国における地方自治制度のあり方の変化について概観してきた。それにより明らかになったことは、次の二つである。第1は、様々な問題点こそあったものの、この時期の韓国においては、制度としての地方自治が存在したということである。とりわけ、4月革命を得て成立した第二共和国期における地方自治は、少なくとも制度としてみた場合に、他国のそれらと遜色ないものであり、選挙においても一定の公平性が保障されていたと評価されている。

第2は、制度を離れてその実際の運用に目を向けるなら、韓国の地方自治制度が、本来の地方政治における民主主義の充実、という当初に期待された目的を離れて、中央政治における権力闘争の手段として時の政権勢力に用いられたということである。言うまでもなく、この現象は第一共和国において顕著であったが、例えば副知事制を巡っての議論に見られたように、一定の範囲ではありながら、第二共和国期においても、地方自治が与野党間の政争の具として用いられることは度々見られた。

そして周知のように、このような変遷を得た第一・第二共和国期における地方自治は、1961年5月16日に勃発した朴正熙少将らによる軍事クーデターにより停止、やがて撤廃されることになる。問題となるのは、このような事態においても当時の韓国では、地方自治の回復そのものが大きな焦点となることはなく、その実際の復帰も、1987年における中央政治の民主化から大きく遅れることになったことである。どうして、韓国の地方自治はこのような空白期を迎えることとなったのであろうか。

そして、それは第一・第二共和国期における地方自治の経験とどのように関係しているのであろうか。次にその点について考えてみることにしたい。

第2章

第一・二共和国期の地方自治における住民意識の一考察

はじめに

本章の目的は第一・第二共和国期における地方自治が、朴正熙政権により廃止されて以後、実に30年以上にも渡って回復されなかった理由を、第一・第二共和国期における人々の地方自治への関心という点から考察するものである。人々の関心を重要と考える理由は次のとおりである。

この時期の地方自治撤廃の直接的な理由が、当時の軍事政権の民主主義観に由来することは事実である。しかしながら、当時に見落とされてはならないのは、「地方自治を奪われた」はずの人々もまた、軍事政権期から1980年代に至るまでの間、中央における民主化には多大な関心を示す反面、地方自治そのものには大きな関心を示さなかったのである。地方自治はいわば、人々に見捨てられた民主主義の「孤児」であったと言える。人々はどうして、地方自治に関心を示さなかったのであろうか。

この問題を考える上で、本章では三つのデータを使用する。第一に、第一・第二共和国期における地方選挙での投票率である。投票率が、人々の当該選挙、更にはその背後における政治に対する関心を示す最も基本となるデータであることは言うまでもない。中でも重要となるのは、民主化に対して強い関心を持っていたと考えられる地域の投票率である。民主化に強い関心を持った人々は、地方政治にどのよう対処したのであろうか。

本章の議論から少しは離れるが、この時期の選挙の特徴は無投票当選と無所属の当選が目立つことである。無投票当選者が多かったということは、人々があまり地方政治に候補者として参加しなかったことになる。それは、地方の政治に責任を持ち、積極的に自分らのことを解決しようとしなかったともいえよう。

このデータは投票率とともに人々の地方政治もしくは地方自治への関心をはかるデータといえよう。

無所属の当選率が高いというデータからは都市部より農村地域の方が目立つのだが、これは小地域社会では氏族・門閥・徳望が能力より優先されたといえる。これを政党別当選者と比較してみると当時期の人々の地方政治への関心度がわかる。

むろん、第一・第二共和国期に行われた3回の選挙において、第一共和国期の第1・第2次選挙と第二共和国期の第3次選挙での無所属当選の背景と無投票当選の背景は少し異なる。動員選挙から、そして動員選挙から解放された選挙で人々の地方政治への選択条件は違ってくるのである。

第二は、当時の世論調査である。とはいえ、この当時の世論調査は数も限定されており、信憑性にも問題があるものが多いと言われており、その使用は限定的なものとならざるを得ない。第三に、これを補足するものとして、当時の民主化を巡る様々な議論の中で、地方自治とその回復がどのように位置付けられていたかを検討すべく、当時の政治家や政党の残した文献的データを使用する。彼らの発言は、当然、有権者を念頭に置いたものであり、そこに当時韓国の人々の地方自治に対する考え方の一端が現れていると考えるからである。

第1次選挙から第3次選挙までの選挙を経験しながらも人々の選挙への関心は上がらなかった。それは選挙を通じての学習効果が出なかったことになる。

では早速、本論に入っていくこととしよう。

第1節　第1次地方選挙の分析

1　市・邑・面議会議員選挙

1952年4月25日実施された市・邑・面議会議員選挙では、7, 536, 304名の選挙人のうち91%に当たる6, 836, 734名が投票に参加し、17市の市議会議員378名、72邑の邑議会議員1, 115名、そして1, 308面の面議会議員16, 051名を選出した。投票率は全国平均91%で比較的に高かったが、この点については少し注意する必要がある。当時の韓国における選挙実態を考えれば、この数字を持って直ちに人々の選挙、更には地方自治への関心が高かったと結論付けるのは拙速だからである。例えば、多くの発展途上国においても、各種選挙における高い投票率が見られるが、これは彼らが投票を義務であると認識し、或いは国家その他の勢力から投票することを事実上義務付けられているからである[1]。

この点を垣間見るためには、例えば、無投票当選状況を見るとわかりやすい。第1次地方選挙では、道・市・邑・面議会議員の当選者17, 544名のうち、無投票当選者は3, 399名で、全体の19%が無投票当選したことになる。このことは少なくとも候補者として立候補する、という次元においては、地方政治に消極的な姿勢を示していたことを意味している。

具体的な投票率や無投票当選率は以下のとおりである。

1　中央選挙管理委員会（1968)、『大韓民国選挙史』、中央選挙管理委員会、596頁。

表 2-1　第 1 次市・邑・面議会議員選挙投票率

単位：%

	市議会議員投票率	邑議会議員投票率	面議会議員投票率
京畿	81	87	84
忠北	84	85	94
忠南	81	86	90
全北	82	87	93
全南	80	92	96
慶北	76	89	93
慶南	81	88	94
江原		89	91
済州		85	89
合計	80	88	93

資料：『大韓民国選挙史』第 1 輯（1973）、495~499 頁参照

表 2-2　第 1 次市・邑・面議会議員無投票当選状況

単位：名（%）

	市議会議員		邑議会議員		面議会議員		無投票当選者数		当選者総数		当選者に対する比率	
	第1次	第2次	第1次	第2次	第1次	第2次	第1次	第2次	第1次	第2次	第1次	第2次
京畿	4		5	6	263	891	272	897	1,529	2,245	18	40.0
忠北			2		187	558	189	558	1,325	1,231	14	45.3
忠南				9	89	170	89	179	2,188	2,001	4	8.9
全北			4	5	507	353	511	358	2,128	1,929	24	18.6

全南			62	10	1,869	886	1,972	896	3,072	2,747	63	32.1
慶北				19	94	933	94	952	3,196	2,896	3	32.9
慶南				12	141	520	141	532	3,017	2,746	5	19.4
江原			7	10	133	490	140	500	904	1,003	15	49.4
済州				3	41	18	41	21	185	164	22	12.8
合計	4		80	74	3,315	4,819	3,399	4,893	17,544	16,594	19	28.9

資料：『大韓民国選挙史』第 1 輯（1973）、1407 頁参照

2　広域議会議員選挙

1952 年 5 月 10 日実施された広域議会議員選挙は朝鮮戦争を理由として、前線に近いソウル特別市・京畿道・江原道を除いた全国 7 の道で行われた。選挙人 6, 358, 383 名のうち 5, 165, 226 名が投票し、投票率は 81% であった。

まず、第 1 次広域議会議員選挙の投票率は次の通りである。

表 2-3　第 1 次広域議会議員選挙投票率

単位：名（%）

	選挙人数	投票人数	投票率	備考（地方選挙投票率）		
				1995 年	1998 年	2002 年
忠北	511,361	437,953	86	72.2	61.0	55.8
忠南	916,288	719,784	78	73.8	59.5	56.2
全北	608,566	504,084	83	73.7	57.6	55.0
全南	1,318,222	1,137,561	86	76.1	68.2	65.6

慶北	1,421,357	1,121,357	80	76.8	64.9	60.4
慶南	1,465,511	1,144,570	78	73.1	61.1	56.5
済州	117,078	99,917	85	80.5	73.2	68.9
合計	**6,358,383**	**5,165,226**	**81**	**68.3**	**52.6**	**48.9**

資料：中央選挙管理委員会（1968）、『大韓民国選挙史』、596 頁参照
中央選挙管理委員会　http//www.nec.go.kr　より再作成

次に、広域議会議員選挙の政党別当選状況は次の通りである。

表 2-4　広域議会議員選挙政党別当選状況

単位：名

	立候補数	自由党	民国党	国民党	国民会	韓青	労総	他	無所属	合計
忠北	63	18			2	1			7	**28**
忠南	128	23	1		2	9		1	10	**46**
全北	89	13	1		1	9			8	**32**
全南	129	49	1		2	2	1		4	**59**
慶北	166	18			11	6		1	25	**61**
慶南	195	19	1		11	3	1		25	**60**
済州	54	7			3	4			6	**20**
合計	**824**	**147**	**4**		**32**	**34**	**2**	**2**	**85**	**306**

資料：中央選挙管理委員会（1968）、『大韓民国選挙史』、591 頁参照

道議会議員選挙の投票率は、1952 年 4 月 25 日に実施された市・邑・面選挙のうち、邑・面議会議員選挙よりは低く（邑：88%・

面：93%）市議会議員選挙投票率（80%）とはほぼ同水準であった。当選者は執権党である自由党が多数を占め、野党の当選はあまりなかった。

第2節 第2次地方選挙の分析

地方自治法の第3次改正が行われた後、1956年8月8日には全国の市・邑・面議会議員選挙が、8月13日にはソウル特別市、道議会議員選挙及び市・邑・面長の選挙が行われ、選挙人数8, 421, 772名のうち、7, 223, 605名が投票し、投票率は86%であった[2]。

第2次広域議会議員選挙の投票率は次の通りである。

表2-5 第2次広域議会議員選挙投票率

単位：名（%）

	選挙区数	選挙人数	投票者数	無投票当選者	投票率	備考（地方選挙投票率）			
						1952年	1995年	1998年	2002年
ソウル	47	706,408	529,208		75.0		65.9	46.9	45.8
京畿	45	976,892	819,241	3	84.0		63.3	49.9	44.6
忠北	30	479,106	425,464	3	89.9	86	72.2	61.0	55.8

2　中央選挙管理委員会、前掲書614頁。

忠南	45	720,673	626,575	10	87.0	78	73.8	59.5	56.2
全北	44	857,245	768,528	4	90.0	83	73.7	57.6	55.0
全南	58	1,306,356	1,167,888	2	89.0	86	76.1	68.2	65.6
慶北	61	1,207,632	1,110,216	9	81.0	80	76.8	64.9	60.4
慶南	67	1,511,959	1,275,296	7	84.0	78	73.1	61.1	56.5
江原	25	452,785	408,158	3	90.0		74.8	64.3	59.3
済州	15	102,716	93,032	3	90.0	85	80.5	73.2	68.9
合計	437	8,421,772	7,223,605	44	86.0	81	68.3	52.6	48.9

資料：中央選挙管理委員会（1968)、『大韓民国選挙史』、614頁参照
中央選挙管理委員会　http//www.nec.go.kr　より再作成

〈表2-6〉〈表2-7〉に明らかなごとく、この選挙で自由党は圧勝した。〈表2-7〉を見ると分かるように、ソウル特別市といくつかの大都市を中心に起きた野党ブームによって都市地域における野党（民主党）議員が増加したが、与党自由党は都市地域全体が第1野党である民主党に対して2倍以上の議席を獲得した。特に、面議会では約70%を独占した。〈表2-5〉によれば、市邑面長の選挙では自由党が全体の半数（50. 3%）以上を占めている。次に無所属が46%を占め、野党民主党は1. 7%に過ぎない。

市長には自由党が2名、無所属が4名、邑長には自由党が8名、無所属20名、民主党と国民会がそれぞれ1名当選した。面長には自由党が全体の544名の中282名（51. 8%)、無所属が243名（44. 7%）当選した。

1956年5月15日に行われた第3代正・副統領選挙においては、投票日10日前に民主党大統候補申翼熙が急死したことが国

民の野党への同情を呼び起こし、野党（民主党）所属の副統領が選出された。このことは、かえって自由党を刺激させ、同党は同年8月の地方選挙において選挙への官権の介入・干渉を一層強め、副統領における敗北を挽回しようとしたと言われている。結局、与党自由党は第2次地方選挙で大勝利をおさめ、同党が中央政治で受けた敗北を挽回するとともに、その後の自由党政権の政治的安定基盤を構築するのに成功することになる[3]。

表 2-6　第2次地方議会の政党・団体別当選状況（1956年）

単位：名（%）

	ソウル特別市・道議会	市議会	邑議会	面議会
自民党	249(57.8)	157(37.7)	510(51.5)	10,823(69.6)
民主党	98(22.4)	54(13.0)	57(5.8)	231(1.5)
国民会	6(1.4)	17(4.1)	28(2.8)	161(1.6)
農民会	1(0.2)	1(0.2)	3(0.3)	16(0.1)
その他	0	10(2.4)	1(0.1)	33(0.2)
無所属	83(19.0)	177(42.5)	391(39.5)	4,284(27.6)
合計	437(100)	416(100)	990(100)	15,584(100)

出所：孫鳳淑（1987）、『韓国地方自治研究』、三英社、140頁

3　安清市・孫鳳淑、前渇書46頁。

表 2-7 第 2 次地方選挙による市邑面長の政党・団体別当選状況（1956 年）

単位：名（%）

	自由党	民主党	国民党	農民会	その他	無所属	当選者総数
市長	2(33.3)	0	0	0	0	4(66.7)	6(100)
邑長	8(26.7)	1(3.3)	1(3.3)	0	0	20(66.7)	30(100)
面長	282(51.8)	9(1.8)	6(1.1)	3(0.6)	1(0.2)	243(44.7)	544(100)
合計	292(50.3)	10(1.7)	7(1.2)	3(0.5)	1(0.2)	267(46.0)	580(100)

出所：孫鳳淑、前掲書、113 頁

以上の結果から明らかなように、第 2 次地方選挙では投票率が低下したのみならず、無投票当選者も第 1 次地方選挙より多い 29% を占めている。選挙の競争率は都市より農村地域が低く、このことは農村地域では地縁や家門などが能力より優先され、地方選挙がうまく機能しなかったことを示している。相対的に見て、人々の地方選挙への関心が高かったとは言えない。

表 2-8 第一・二共和国の広域議会議員選挙投票率

単位：%

	実施時期	ソウル特別市	道	平均投票率
第一共和国	1952.5.10	---	81	81
	1956.8.13	75	87.1	86
第二共和国	1960.12.12	46.2	71.8	67.4

資料：中央選挙管理委員会（1968）、『大韓民国選挙史』、596、614、618 頁参照

第3節　第3次地方選挙の分析

1　ソウル特別市・道議会議員選挙

1960年12月12日、新地方自治法下の初の選挙として、ソウル特別市及び道議会議員の選挙が行われた。全国6, 922の選挙区で実施されたこの選挙の投票率は67. 4%で、政党別当選者致は、民主党195名、新民党70名、無所属216名、社会大衆党2名、その他4名であった。また政党別得票率は、民主党40. 0%、新民党14. 4%、社会大衆党0. 4%、無所属44. 4%、その他0. 8%であった。ソウル特別市議会だけを見ると、選挙人1, 117, 123名中516, 068名が投票に参加し、投票率46. 2%で、ソウル特別市議会議員選挙を除いた全体の道議会議員選挙の投票率71. 8%を大きく下回るものであった。このような投票率は、第2次地方選挙時のソウル特別市・道議会選挙の投票率の86%に比べると18. 6%低いものであり、第2次地方選挙のソウル特別市議会選挙だけの投票率75%より28. 8%低かった。

表2-9　ソウル特別市・道議会議員の政党・団体別当選者数（第3次）

単位：名（%）

区分	民主党	新民党	社会大衆党	その他	無所属	当選者総数
ソウル特別市議会	19(35.1)	17(31.5)	0	1(1.9)	17(31.5)	54(100)

道議会（全国）	176(40.6)	53(12.2)	2(0.4)	3(0.7)	199(46.0)	433(100)
合計	195(40.0)	70(14.4)	2(0.4)	4(0.8)	216(44.4)	487(100)

出所 : 孫鳳淑 (1985)、『韓国地方自治研究』、三英社、116 頁

表 2-10　第 3 次広域議会議員選挙投票率

単位：名（%）

	選挙人数	投票者数	投票率	備考（地方選挙投票率）				
				1956	1952	1995	1998	2002
ソウル	1,117,123	516,068	46.2	75.0		65.9	46.9	45.8
京畿	1,240,840	780,638	62.9	84.0		63.3	49.9	44.6
忠北	628,370	457,666	72.8	89.9	86	72.2	61.0	55.8
忠南	1,137,184	781,935	68.8	87.0	78	73.8	59.5	56.2
全北	1,096,308	787,629	71.8	90.0	83	73.7	57.6	55.0
全南	1,617,022	1,198,150	74.1	89.0	86	76.1	68.2	65.6
慶北	1,774,495	1,193,431	67.3	81.0	80	76.8	64.9	60.4
慶南	1,914,247	1,308,301	68.3	84.0	78	73.1	61.1	56.5
江原	597,370	453,518	75.9	90.0		74.8	64.3	59.3
済州	140,486	118,416	84.3	90.0	85	80.5	73.2	68.9
合計	11,263,445	7,595,752	67.4	86.0	81	68.3	52.6	48.9

資料 : 中央選挙管理委員会（1968）、『大韓民国選挙史』、614 頁

中央選挙管理委員会 http//www.nec.go.kr　より再作成

表 2-11　ソウル特別市・道議会議員の政党・団体別当選者数（第 3 次地方選挙）

単位：名（%）

	議員定数	候補者数	当選者数	政党・団体別当選者数				
				民主党	新民党	社会大衆党	その他	無所属
ソウル	54	351	54	19	17	0	1	17
京畿	46	217	46	21	11	0	0	14
忠北	26	94	26	9	3	0	0	14
忠南	48	188	48	18	8	0	1	21
全北	48	178	48	26	5	0		17
全南	66	241	66	18	19	0	1	28
慶北	73	305	73	29	3	2	0	39
慶南	80	321	80	42	2	0	0	36
江源	28	102	28	10	1	0	1	16
済州	18	57	18	3	1	0	0	14
合計	487	2054	487	195	70	2	4	216

出所 : 孫鳳淑 (1985)、『韓国地方自治研究』、三英社、116 頁

このような低投票率については、従来の研究では、当時の政治状況下では民主党が勝つのは余りにも明らかであったこと、また民主党の新・旧派の対立・派閥争いに基づく政治不信が高まったことがあったといわれている[4]。ちなみに、この第 3 次地方選挙におけるソウル特別市議会議員及び道議会議員の当選者の所属政党団体を見ると、〈表 2–9〉〈表 2–10〉の通りである。

4　孫鳳淑（1985)、『韓国地方自治研究』、三英社、116 頁。

2　市・邑・面議会議員選挙

市・邑・面議会議員選挙は、1960年12月19日、全国25市、80邑、1, 343面において実施された。選挙結果は次のとおりである。

1）市議会議員選挙

市政25市、議員定数420名、投票率62. 5%、政党別当選者数は民主党129名（30. 7%)、新民等45名（10. 7%)、無所属238名（56. 7%)、その他8名（1. 9%）であった。

2）邑議会議員選挙

邑数80邑、議員定数1. 055名、投票率77. 5%、政党別当当選者数は民主党142名（13. 5%)、新民党39名（3. 7%)、無所属872名（82. 7%)、その他2名（0. 2%）であった。

3）面議会議員選挙

面数1, 348面、議員定数15, 376名、投票率83. 7%、政党別当選者は民主党2, 510名（16. 3%)、新民党241名（1. 6%)、無所属12, 578名（81. 8%)、社会大衆党3名、その他44名であった。市・邑・面議会議員の政党・団体別当選状況を見ると、〈表2-13〉の通りである。この表を見ると分かるように、いずれの議会においても民主党の当選者数が新民党の当選者より多かったが、無所属よりは遥かに少なかった。

過去のどの選挙に比べても無所属議員の当選率が高かったのが、第3次地方選挙の特徴の一つである。その理由は次のような事情に求められよう。当時の与党民主党は、自由党の政権下において第1野党ではあったが、強大な与党に押さえられて「1.5政党体系」[5]といわれるほど野党の勢力や組織は与党のそれに比してみれば弱かった。そのため、4・19革命により政権党にはなったものの、またその組織や影響力が地方末端までには及ばなかった。さらに、民主党の旧派が離脱して新民党を結成[6]したことも、大きな痛手となった。一方、無所属候補者の中には自由党出身が多く、党は解体[7]されたが、選挙では既存の選挙基盤を活用することもできたのである。

表 2-12 第3次市・邑・面議会議員選挙投票率

単位：%

	市議会議員投票率	邑議会議員投票率	面議会議員投票率
京畿	58.1(81)	63.4(87)	74.0(84)
忠北	70.1(84)	76.3(85)	83.0(94)
忠南	56.4(81)	73.5(86)	81.1(90)
全北	67.3(82)	80.1(87)	86.5(93)

5 「1.5政党体系」というのは、第一共和国当時の与党自由党と野党第1党の民主党勢力の大きさの違いを比喩する言葉である。(例えば、第3代国会〈1954.6.8~1958.5.29〉の院内勢力分布は、定員203名中、自由党114名、無所属67名、民主国民党15名、国民会3名、大韓国民党3名、制憲国会議員同志会1名であった。

第4代国会（1958.6.7~1960.7.25）の院内勢力分布は、定員233名中、自由党175名、民主党79名、無所属27名、統一党1名であった。

6 民主党の旧派は1960年12月12日、新民党（創立準備委員長に白南薫、副委員長に金度演、幹事長に柳珍山を選出した）を結成した。

7 4・19革命以後、自由党は、所属議員138名中105名が1960年7月の総選挙前に離脱し、総選挙で自由党候補者の当選は民議員2人、参議員4人のみであった。革命後の自由党のリーダであった穏健派の李在鶴が7月の総選挙直前に3・15不正選挙（第3代正・副統領選挙）で逮捕され、自由党は事実上崩壊したのである。

全南	70.0(80)	85.6(92)	88.5(96)
慶北	62.8(76)	70.0(89)	84.4(93)
慶南	58.1(81)	82.6(88)	87.6(94)
江原	73.7	71.6(89)	79.9(91)
済州	82.5	84.8(85)	88.2(89)
合計	62.6(80)	77.5(88)	83.7(93)

() 内は第 1 次市・邑・面議会議員選挙投票率

資料 :『大韓民国選挙史』第 1 輯（1973)、527~535 頁参照

表 2-13　市・邑・面議会議員の政党・団体別当選状況（第 3 次地方選挙)

単位：名（%)

	民主党	新民党	社会大衆党	その他	無所属	当選者数
市議員	129	45	0	8	238	420
邑議員	142	39	0	2	872	1,005
面議員	2,510	241	3	44	12,578	15,375
合計	2,781(16.5)	325(1.9)	3(0.0)	54(0.3)	13,688(81.2)	16,851(100)

出所 : 孫鳳淑 (1985)、『韓国地方自治研究』、三英社、120 頁

換言すれば、4・19 学生革命後、民主党は政権党にはなったが、党内の派閥争いで旧派が離党するなど党の体制や組織が整備されなかったままで選挙に望むことになったのである。一方、自由党は革命以後解体状態にあり、旧派が新たに立ち上げた新民党は未だ党としての態勢を確立するに至っていはなかった。結

果的に、この間の隙をついて無所属が進出することになったのである[8]。

3 ソウル特別市長及び道知事選挙

新政府樹立後、初めて実施されたソウル特別市長及び道知事選挙は、1960 年 12 月 29 日に実施された。ソウル特別市長の投票率は 36. 4%、全国の道知事の投票率は 38. 8% という低調を示した。ソウルと特別市長には 15 名の候補者が立候補し、9 の道知事選挙には 68 名の候補者が立候補して、平均 8 倍という高い競争率を見せた。

重要なことは、選挙そのものが激戦であったにも拘らず、投票率が極端に低い状態に推移したことである。具体的な選挙結果は次のとおりである。

表 2-14 ソウル特別市長・道知事選挙投票率（3 次地方選挙）

単位：名（%）

	総人口	選挙人数	投票者数	投票率
ソウル	1,574,868	1,116,382 (23,289)	401,464 (13,592)	36.4
京畿	2,363,660	1,254,453 (33,563)	411,348 (20,952)	32.8
忠北	1,192,071	632,051 (18,671)	281,368 (13,102)	44.5

8 孫鳳淑、前渇書 120 頁。

忠南	2,222,725	1,146,436 (33,165)	456,308 (21,483)	39.8
全北	2,126,255	1,101,846 (26,582)	471,039 (16,823)	42.7
全南	3,127,559	1,622,860 (31,883)	717,041 (18,421)	44.2
慶北	3,363,798	1,789,178 (43,617)	639,924 (27,499)	35.8
慶南	3,770,209	1,934,134 (43,240)	642,159 (24,310)	33.2
江原	1,496,301	603,016 (14,213)	288,354 (8,108)	47.8
済州	288,928	142,980 (3,238)	90,415 (1,066)	62.2
合計	21,526,374	11,343,336 (271,461)	4,399,420 (165,356)	38.8

() 内は不在者数を表す

資料 :『大韓民国選挙史』第 1 輯（1973)、545 頁参照

表 2-15 ソウル特別市長・道知事の政党・団体別当選状況（第 3 次地方選挙）

単位：名

	定数	候補者数	政党・団体別当選者数			当選者の名前
			民主党	新民党	無所属	
ソウル	1	15	1	0	0	金相敦
京畿	1	9	1	0	0	申光均
忠北	1	5	1	0	0	趙大術

忠南	1	5	0	1	0	李起世
全北	1	7	1	0	0	金相術
全南	1	9	0	1	0	閔泳南
慶北	1	14	1	0	0	李浩根
慶南	1	8	0	1	0	李基週
江源	1	6	1	0	0	朴永禄
済州	1	5	0	0	1	康性益
合計	10	83	6	3	1	

資料:『大韓民国選挙史』第 1 輯（1973)、1422 頁参照

4 市・邑・面長選挙

市・邑・面長の選挙は、1960 年 12 月 26 日におこなわれた。全国 26 市、82 邑、1, 360 面で、全体の選挙人 10, 285, 000 名のうち 7, 752, 000 名が投票に参加して全体の投票率は 74. 5% であった。投票率は、市長選挙の場合 54. 6%、邑長の場合 72. 7%、面長の場合が 81. 6% であり、地方議会議員選挙と同じく基礎的地方自治団体ほど投票率が高くなっている。立候補者数は、市長は定員 26 名に対して 110 名が、邑長は定員 82 名に 407 名が、面長は定員 1, 360 名に 6, 638 名が立候補して、競争率は各々 4:1:5:5:1 であった。また、第 2 次地方選挙の場合、市・邑・面長の無投票当選者が 580 名で全体の 15% も占めていたが、第 3 次地方選挙では、わずかに 6 名（邑長 1 名、面長 5 名）だけが無投票で当選した[9]。これは、地方の政治レベルにおいても改

9 中央選挙管理委員会、前掲書 536~544 頁参照。

治的競争が制度化されつつあったこと、また「4. 19 革命」以前においては候補者絞込みの過程で「官権介入」が大きく機能していたことを示唆している。

市・邑・面長の政党・団体別当選状況をみると、無所属の当選者が多く、全体の 75. 7% を占めている。無所属の当選者が多いことは、第 3 次地方選挙の共通の特徴として地方議会議員選挙でも見られた（〈表 2-9〉、〈表 2-10〉、〈表 2-11〉を参照）。投票率は、ソウル特別市長・道知事選挙ほどではなかったにせよ、都市部で特に低い値を示している。

表 2-16 第 3 次市・邑・面長選挙投票率

単位：%

	市長投票率	邑長投票率	面長投票率
京畿	52.6	63.1	74.6
忠北	65.3	75.2	81.3
忠南	45.2	74.4	81.8
全北	58.9	72.5	83.7
全南	58.1	77.0	83.0
慶北	52.7	72.2	81.5
慶南	51.6	74.0	84.5
江原	66.6	70.4	79.5
済州	75.5	81.2	81.7
合計	**54.6**	**72.7**	**81.6**

資料 :『大韓民国選挙史』第 1 輯（1973）、536~542 頁参照

表 2-17 市・邑・面長選挙における政党・団体別当選状況（第 3 次地方選挙）

単位：名（%）

	民主党	新民党	その他	無所属	総数
市長	12(46.2)	5(19.2)	0	9(34.6)	26(100)
邑長	23(28.0)	3(3.7)	0	56(68.3)	82(100)
面長	292(21.9)	13(1.0)	4(0.2)	1,045(76.9)	1,359(100)
合計	332(22.6)	21(1.4)	4(0.3)	1,110(75.7)	1,467(100)

出所：孫鳳淑 (1985)、『韓国地方自治研究』、三英社、120 頁

5　第 3 次地方選挙の分析

1) 低い投票率：第 3 次地方選挙の投票率は、選挙史上その例がないほどの低さを記録した。この点について従来の研究は、1960 年 7 月 29 日の総選挙の後、12 月に入って 4 回にわたって繰り返し地方選挙が行われることになり、日常生活に多忙な国民が選挙に嫌気がさすようになったことが原因の一つとして指摘されている[10]。また、革命後政局の混乱や与党民主党の分裂等から、政治全般に対する不信感が強まったのもその理由の一つであるとされる[11]。さらに、改正地方自治法（第 5 次改正）により、ソウル特別市長の選挙において韓国選挙史上初めて候補者の名前を直接記入する記名式投票制度が採択されたが、これが全体ソウル市民の中、約 16 万人ないし 20 万人程度といわ

10 『京郷新聞』、1960 年 12 月 13 日、社説・及び同年 12 月 29 日、社説。

11 『京郷新聞』、1960 年 12 月 29 日、社説。

れる教育を受けたことがない人々の投票不参加をもたらす結果になったとも言われている[12]。

表 2-18 地方選挙の投票率比較（1次~3次）

単位：%

年	地方自治団体長					地方議会				
	ソウル	道	市	邑	面	ソウル	道	市	邑	面
1952	任命	任命	市会	市会	市会	※	81.0	80.0	88.0	93.0
1965	任命	任命	*86	◎	◎	75	87.1	79.5	◎	◎
1960	36.4	44.8	54.6	72.2	81.6	46.2	71.8	62.6	77.5	83.7
平均	58%					68%				

資料：中央選挙管理委員会（1973）、『大韓民国選挙史』、第1輯

※ 韓国戦争中（ソウル未修復）

◎ 1956年地方選挙において邑・面の選挙は、道の選挙管理委員会が中央選挙管理委員会の職務を代理にして行ったが、邑・面自治体の選挙状況に対する全国的な資料がない。

* 当時の市長選挙は、市長の任期既得権の認定により、全国の26市のうち6市のみ市長選挙を実施したため比較の対象から除外した。

しかしながらより重要なことは、第一共和国期における「官権介入」状況において相対的に高かった得票率が、政治体制が民主化され「地方自治の理想期」に入って逆に大きく低下したということである。そのことは、結局、当時の人々が地方自治に対し大きな重要性を認識していなかったことを如実に示している。

12 『京郷新聞』、1960年12月30日、記事。

表 2-19 国会と地方議会の投票率比較

単位：%

地方選挙（地方議会）				中央選挙（国会）	
年度	ソウル特別市	道	市	年度	国会
1956	75.0	87.1	79.5	1954	91.0
1960	46.2	71.8	62.6	1958	90.6
				1960	84.3

資料：中央選挙管理委員会（1973）、『大韓民国選挙史』、第 1 輯

表 2-20 大統領と自治体長の投票率比較

単位：%

地方選挙（自治体長）				中央選挙（大統領）	
年度	ソウル特別市	道	市	年度	大統領
1960	36.4	44.8	69.6	1952	88.0
				1956	94.4
				1960	97.0

資料：中央選挙管理委員会（1973）、『大韓民国選挙史』、第 1 輯

2）無所属の大挙進出：この現象は、政党政治の後退とも言える。4・19 革命後、1960 年 7 月 29 日の第 5 代国会議員総選挙で選ばれた民議院議員の 3 分の 2 が民主党出身[13]であった。これは革命後、民主党による政権交代を国民が支持したことを示す。しかし、例えば、市・邑・面長選挙において無所属が 80% 近く

13　4・19 革命後の許政暫定政府下で総選挙が実施された（1960 年 7 月 29 日）。選挙の結果を見ると、民議院では定数 233 名中、民主党 175 名、無所属 49 名、社会大衆党 2 名、韓国社会党 1 名、統一党 1 名、その他の団体 1 名が当選した。参議院では定数 58 名中、民主党 31 名、無所属 20 名、自由党 4 名、社会大衆党 1 名、韓国社会党 1 名、その他の団体 1 名が当選した。

当選したことは、中央政治における民主党の影響力が、この時点では地方にまで浸透していなかったことを意味している。

第3次地方選挙における無所属の当選比率は、第1次（1952年)、第2次（1956年）地方選挙のそれに比べて急増しているが、無所属の大部分は旧自由党からの離党者、ないしは第一共和国期のその他の有力者であると見ることができる。民主党は、中央政治の舞台では政権を引き受けたが、新・旧派の対立から党が分裂し、党勢の整備ができないまま地方選挙に臨むことになり、これが無所属議員の大挙進出する一因となったと言われている。地方議会における無所属議員の大挙進出は、与党系議員を少数派へと追いやることになり、地方議会の運営においてたびたび混乱を招くとともに、無所属議員に対する与党勢力側の買収行為が起きやすい環境を提供した[14]。

表2-21　第5代国会議員総選挙（1960年7月29日）

単位：%

政党・団体	議席数	%	得票率（%）
民主党	175	75.1	41.7
自由党	2	0.9	2.7
無所属	49	21.1	46.8
社会大衆党	4	1.7	6.0
韓国社会党	1	0.4	0.6
統一党	1	0.4	0.2
その他団体	1	0.4	1.9
合計	233	100	100

出所 : 金浩鎮 (1991)、『韓国政治体制論』、博英社、381頁

14 『韓国日報』、1960年12月23日、社説。

3) 第3次地方選挙の結果から見ると、広域地方自治団体（ソウル特別市、道）の選挙は政党志向の投票であり、有権者との利害関係がより直接・密接に係わっている基礎自治団体の選挙は人物本位の投票、即ち、かつての自由党政権有力者に対する投票が行われた。

これに対して、ソウル特別市長及び道知事の選挙では、済州道のみが無所属知事であり、他の選挙では民主党と新民党の二者択一の形をとった。このような傾向は地方議会選挙の場合においても同じであった。

4) 地域的には、慶南・慶北では民主党が、そして全南地域では新民党の方が多くの支持を受けた。道議会で新民党が過半数を越えた地域は一つもないが、全南道議会では与党民主党の議席より野党新民党の議席のほうが1議席多かった。また、全南道知事選挙では野党新民党の候補が当選したが、その得票数は308, 038票（得票率45. 9%）であり、与党民主党候補の194, 911票（得票率29%）をはるかに起える得票であった。このような票の地域偏重は第一共和国のときには余り見られなかった現象であり、以後韓国政治における票の地域偏重として、東西対立、南北対立という現象は深刻な政治・社会問題になっていくのである[15]。

15 1963年の第5代大統領選挙で見られた票の南北偏重の現象は、忠清北道の秋風嶺峠を境に北は野党（新民党の尹潽善候補）を、南は与党（共和党の朴正熙候補）を支持する形で現れた。1971年の与党第7代大統領選挙では朴正熙候補（慶尚北道出身）と野党金大中候補（全羅南道出身）を支持する票の東西偏重の現象が顕著に表れた。当時の選挙で朴候補は出身地である慶南道での有効得票数の74%を獲得した反面、金候補は全羅道で62%をそれぞれ獲得した事実が地域感情の政治的逆機能効果を物語っている。この地域間の対立感情は現在も韓国社会の大きな問題として残されている。

第4節 第一・二共和国期の地方自治における住民意識の一考察

地方自治の基礎は住民自治、地方住民が地方政治に直接参加することにある。しかし、地方住民が自らの意思で政治に参加するためには、高い自治意識の維持が必要であり、この自治意識こそが地方自治の優劣が決定する要因となる。

もっとも、住民の自治意識を性格に計量化することは不可能であり、特に、依然として封建的残滓に満ちた第一共和国では住民の内的意識構造を正確に把握することは難しい。

したがって本稿では、各選挙における投票率及び当選者の分析を通して住民の自治意識についての考察を行ってきた。その結果を要約すると次のようになる。

第1次地方選挙は、1952年4月25日実施した市・邑・面議会議員選挙において7, 536, 304名の選挙人のうち91%にあたる6, 836, 734名が投票に参加し、17市の市議会議員378名、72邑の邑議会議員1, 1115名、そして1, 308面の面議会議員16, 051名を選出した。投票率は全国平均91%だったが、これにより直ちに住民の自治意識が高いとは言えなかった。例えばそれは高い無所属当選率が示していたように、多分に政府や与党による動員の結果であったというべきであった。

一方、1952年第1次地方議会が構成された4年後の1956年8月8日、第2次地方議員選挙に全国4, 451選挙区で27, 524名の立候補者が出馬した。平均1. 5:1の競争率の中で、市議会議員416名、邑議会議員990名、面議会議員15, 548名など、総16, 954名の地方議会議員が選出された。第2次の時は、第1次の地方選挙より無投票当選者が多くなり、29% に近い無投票当選者が生まれた。この選挙においても、第 1 次選挙と状況が大きく異ならないことは明らかである。

しかし、これで当時の全ての自治意識について結論づけてしまうのには無理があろう。したがって、ここでは 1962 年ソウル大学校盧隆熙教授が実施した自治意識実態調査傾向及び内務部地方行政研究委員会で実施した地方自治団体標本調査で明らかになった自治意識実態調査結果により、第一共和国と第三共和国初期の国民の自治意識を比較してみよう[16]。

盧隆熙は次のように議論を設定する。なぜ、韓国国民の自治意識は貧弱であろうか。まず一般的に、国民の思想または生活意識が朝鮮時代以後、韓国民族の思想的支柱であった儒教思想をもって形成され、そのことが国民の自治意識貧弱の阻害要因となったと考えられる。上位者の下位者に対する掌握的支配を合理化する儒教的価値体系は、社会の構成単位を個人ではなく

---

16 韓国の地方自治に対する住民意識は余りにも低いので、地方自治をする段階ではないと主張する人もいる。しかし、これは言い訳に過ぎない。韓国の住民意識が他の 1 先進国と比較して低いのは当然だ。なぜならば、韓国は地方自治を実施した経験も短かったし、その時の韓国の政治・経済・社会的要件が悪かった。したがって、このように低い住民意識を向上させるためには、まず地方自治政をいち早く実施して施行錯誤があってもそれなりの貴重な経験として迎えれば住民意識は高くなる。二つ目には、地域社会に関する住民意識の鼓吹するため、教育・研修・キャンペーンなどを実施する。すなわち、地域社会のことは自ら議論して公聴会を通して決定する慣行は住民意識の育成に大きな影響を与える。三つ目には、市民たちが行政に参与できる機会を増加させる必要がある。いわば、各種自律的で決定する姿勢を持つ必要がある。そのためには今から地方議会を設置し、沢山の住民が議会に参与するとともに各種諮問機関に住民の参与を誘導する必要がある。四つ目には、社会が発展していく過程で個人主義が澎湃していることは事実がこれに集団主義的要素を強調すれば、住民は集団的で地域社会問題に関心を持つように訓練させることも効果的であると言える（劉鐘海（1987)、「地方自治と住民意識」、『地方行政』、韓国地方行政共済会)。

家父長的家族に置くため、これが権威服従的な前近代的共同体意識を醸成し、愛郷心はあるものの自治意識は欠如した現実を誕生させたと考えられるのである。

二つ目には、先進国の近代的地方自治が支配階級に対する市民階級闘争の産物であるという点で、士農工商の農本主義思想で健全な商工業を通した市民階級の形成を達成できなかった韓国の社会構造は市民精神の欠如を招き、これが自治意識の発芽を遮った。

三つ目には、韓国は日帝植民地から脱皮して近代的住民国家を樹立したが、韓国戦争後、緊張した南北対立は民主主義の実質化を追求する余裕のみならず、地方自治を執権層の権力維持手段として扱われた韓国の指導層の認識不足は建国から現在まで自治意識を涵養させなかった重要な原因となっていった。政治意識の程度は政治に対する関心度が重要な土台とすれば、自治意識の程度は自治に対する住民の関心度がその土台だと言えよう。

盧隆熙はこのような観点から、60年代の地方自治制度に対する住民の一般的な関心度と認識度を調査した。その結果によれば、1964年当時は地方自治制度が中断されて3年と経たない時点だったが、地方自治という言葉を聞いたことが「何回かある」と答えた者が26.7%、「一回か二回くらいある」が18.8%、残り54.5%は「聞いたことない」と答えている[17]。

そして、住民の参与度に目を向けてみれば、政治参与の経験は投票のように消極的・受動的な政治参与が主であった。この結果からも、投票行為が権利意識の発露ではなく義務意識に過ぎない行為で、まだ住民の自治意識は未熟だったと分析でき

17　盧隆熙（1987)、『韓国の地方自治』、緑苑出版社。

る[18]。自治制度に関する住民の関心度も、地方自治に対する一般知識水準も、調査結果による限りでは低かった。地方自治団体が市・郡であるか、邑・面であるかと尋ねた1964年の調査でも、67%が間違った解答を選ぶかわからないと答えている。当時の住民意識水準を理解することができよう。

同じ1964年の調査から自治制度に対する住民の価値観について見ると、地方議会の存在理由に対する住民の意思反映を理由として答えた比率が81%に達する。地方自治団体の単位を市・郡にすることに肯定的であり[19]、地方自治の正当化を忌避する世論が現れた。そして地方団体長の選挙と関連して地域的な排他性が見られる[20]。

---

18 政治参与の経験分析（1965年の調査結果）が当時の高い投票率は関心投票の結果ではなく、状況的な刺激・集団圧力による動員選挙であったと言える（動員選挙に関しては尹天柱（1987）、『韓国政治体系』、ソウル大学校出版部）。

アンケート	比率（%）
投票参加	88.2
投票参加勧誘	57.7
政治的な集会参加	40.4
立候補者評価	37.6
選挙運動・政党加入	13.1
官庁に陳情	10.6
当局に集団的な呼訴	7.8
言論機関に投稿	6.0
政治献金	1.9

出所 : 朴東緒・金光雄（1987）、『韓国人の民主政治意識』、ソウル大学校出版部

19 盧隆熙（1987）、『韓国の地方自治』、緑苑出版社。
これは「64年の標本調査」結果である。現実的制度自体の教育的効果で現れたと推断できる。

20 郡守・市長はどんな人が良いかというアンケートで①本地方の人（45%）②他地方の人で能力がある人（42.1%）③分からない（10.3%）の比率を見せた（孫鳳淑（1985）、『韓国地方自治研究』、三英社）。

このように60年代初、住民の自治意識は解放後、10年間の民主制度の運営にもかかわらず、愛郷心の一方で自分の住む地域において自ら議会に参加するという自治意識は欠如していた。その背景には、伝統的な中央集権的政治構造や血縁共同体的社会構造、更には近代的な市民階級の不形成の中、地方自治を軽視する当時の支配エリートの認識が存在していると言うことができる。

そのような意味から考えるなら、第二共和国の自治制度改正も、「4月革命完遂」の延長線上に理論的に設定されたものであって、上述のような住民の自治意識水準を考慮した、能率的な地方行政の運営を企図するため行われたことだとはいえない。このことの端的な表れとしては、先にも触れたソウル特別市長の記名投票制がある。当時のソウルには文字の読み書きができない多くの人々が住んでおり、その結果約16万~20万人に達する人々が投票参加を諦めたといわれている。

小結

以上、第一・第二共和国における地方選挙を考察してきた。ここで明らかになったのは次の通りである。

第一、第二両共和国期において、結局のところ、地方選挙は人々の真剣な関心を集めることができなかった。投票率は寧ろ大きく低下しており、その傾向は「4. 19 革命」により、「地方自治の理想期」に入って決定的なものとなることになる。その要因としては、第一共和国に続き第二共和国でも地方自治が与野党間の政争の具として用いられたこと、そしてその結果、人々が地方選挙は自らにとって重要ではないということを学習したことの結果であった。本来なら、選挙を重ねることにより民主主義と地方自治の必要性を学習するはずのところを、逆に当時の人々は民主主義と地方自治が自らにとって無縁の存在であることを「学習」したことになる。皮肉な結果であるということができよう。

韓国はその後、長い地方自治の空白期を経ることになる。続いて、30 年以上に渡る地方自治の空白期から地方自治の再形成過程における人々の意識を考察してみたい。

第 3 章

地方自治の中断期と再形成過程

はじめに

新しい政治制度はいつも主導的な政治勢力の必要により出発する。いままで考察してきたように、1950年代に出発した韓国の地方自治制度が典型的な例である。

解放以後、韓国社会は政治・社会的な混乱と深刻な経済不安が続く中、朝鮮戦争に直面することになる。このような環境の中では地方自治の実施は不可能であった。しかし、このような最悪の条件の中で、戦争中にもかかわらず、1952年に地方議会が構成され、韓国における最初の地方自治が出発した。

何故この時期だったのだろうか。それは、これまで述べてきたように、李承晩政権の立場から戦略的に必要であったからである。このような事情から始まった地方自治は制度としては存在していたものの、人々の関心からは遠いものであった。

朴正煕政権により「地方自治」は長い間実施されなかった。しかし、この時期の経験を理解することは、後の第二期における地方自治を理解する上で重要である。人々はなぜ地方自治が長い中断されたにもかかわらず、地方自治の実施を強く要求することはなかったのか。その背景には、人々のどのような地方自治に対する理解があったのか。

本章の目的は、朴正煕政権により廃止されて以降、30年以上に渡り地方自治制度が中断された理由とその再形成の過程を考察していくこととする。その中でも、30年ぶりに部分的に復活した1991年の地方議員選挙を事例として取り上げ、人々の地方政治への参加度を測ってみたい。その際に、データとして、投票率と当時の世論調査を使用する。

第1節 第三共和国（軍事政権期）

1 地方自治制度の中断過程

1961年5月16日、軍事クーデター[1]が勃発する。非常戒厳令が全国に宣布され、あらゆる場における集会やすべての報道行為、及び海外旅行が禁止された。軍事革命委員会は5月19日、名称を国家再建最高会議に改め、30名の最高会議の委員、内閣閣僚及びソウル市長の名簿を5月20日に発表した[2]。

5.16軍事クーデターが起こった当日に、軍事委員会は布告第4号として全国の地方議会を解散させた。5月22日には国家再建最高会議[3]布告第8号を宣言し、邑・面においては郡守、市では道知事、ソウル市と道では内務部長官の承認のもとで行政執行を行うことを命じた。さらに5月24日には、9ヶ所の道知事及び9ヶ所の市長を任命し、発表した。続いて6月6日には、国家再建非常処置法（第20条）が公布され、道知事・ソウル市長および人口15万人以上の市の市長は、国家再建最高会議の承認を得て内閣によって任命されることとなり、その他の地方自

---

1 1960年学生革命後成立した民主党の張勉政権は責任内閣制を採用し、国民に急速に自由を与えたため、政治的社会的混乱が激しくなった。これらの混乱は、軍内部の幹部層の不正や蓄財に対して不満を抱き反発していた「整軍派」若手将校の目には共産主義に侵略の機会を与えかねないと考えられ、彼らを刺激することになった。1961年5月16日、朴正熙・金鍾泌を中心とする若手将校により、軍事クーデターが起こされ、そして成功する。軍事革命に成功した朴正熙等は、やがて共和党中心の政権をつくり、1979年10月26日に朴正熙大統領が当時の中央情報部長金載圭によって射殺されるまでの19年にわたり、独裁政治を行うことになる。

2 孫禎睦（1992)、『韓国地方制度、自治史研究（下)』、一志社、563頁~565頁。

3 革命後の軍事革命委員会の改称。

治体の長は道知事によって任命されることになった。

1961年9月に公布された「地方自治に関する仮措置法」は、郡自治制を規定する一方、議会の議決事項に関して道とソウル市においては内務部長官、市と郡においては道知事の承認を得て各々施行するものとし、邑・面長については郡守が任命するようにした。このように、自治行政に対する住民統制制度が廃止されたうえ、地方議会の解散や自治体長の任命制などにより自主組織権も剥奪され、一部の自主財政権を除くすべての地方自治機能がその後30年間にわたって存在しない状態となった[4]。「地方自治に関する仮措置法」は、実際には地方自治に関する基本法典として機能することになった[5]。

2 軍事政権期の地方階層構造：郡自治制

5・16革命後、軍事革命政府は1961年9月に「地方自治に関する仮措置法」を公布し、邑・面自治制を廃止した。この法律によって、邑・面が郡の下部行政組織に置かれたが、代わりに郡が自治体に作りかえられ、階層構造は道—市・郡の2層制になった。

5・16軍事革命以来、地方行政の能率向上及び地方財政自立度の向上によって地方自治の基盤を強化し、あわせて能率向上と正常化を実現することによって自治行政の健全な土台を築くこと通じて、邑・面自治制の改変を計るべく、政府は諸施策を討議した。その後、郡自治提案を地方行政に関する仮措置法に

4 鄭世煜（2000）、『地方自治学』、法文社、103頁。

5 金甫炫・金庸来・前掲書、273頁。

含めることが、国家再建最高会議の議決を経て承認された。

3 軍事政権期の地方自治人事制度：任命制

第三共和国では、憲法は「地方自治は法律によって定められる」と規定しており、したがって地方自治法を制定しなかった。第四共和国では、南北統一が実現されるまで地方議会を結成しないと規定した。また第五共和国では、地方自治団体の財政自立度を勘案して順次的に構成するが、その構成時期は法律で定めると付則で定め、地方自治を延ばしてきた。即ち、ほぼ35年間、自治団体長は任命によって選ばれてきたのである。そのような状況の中で、地方自治団体長は政策方針よりも再選のための人気取りが目的とみられる政治活動をおこなったので、中央政府が上級機関の指揮監督を軽視する傾向が直選制の実施期間の間に広がった。市・邑・面の事務は国家あるいは道の委任事務が大半を占めただけではなく、実際問題として、市・邑・面の能力上、地方固有事務の執行は難しいため、市・邑・面の長は民選自治団体長としてよりもむしろ国家公務員としての色が強かったという点がその論拠として挙げられた。

4 ソウル特別市と釜山直轄市の行政に関する特別措置法

1962年1月27日、「ソウル特別市の行政に関する特別措置法」が制定・公布された。同法は「大韓民国の首都であるソウル特別市の発展のため、その組織及び運営に関する特別措置を規定することによって、より能率的な行政を確保する（同法第1条)」として、ソウル特別市の行政に関するいくつかの特別措置を規定している。その主な内容は次の通りである。

① ソウル特別市を内務部直属から国務総理直属へと所管を変更し、ソウル特別市に対する監督官庁を国務総理とする。

② ソウル特別市に関して中央各部の長の指示監督を受けるべき事項を列挙して、その監督を受ける範囲を限定する[6]。

③ ソウル特別市長は、国務総理の提案で大統領が任命する特別職とする。

④ ソウル特別市に二人の副市長を置く。副市長は1級の一般職公務員とし、ソウル特別市長の提案によって国務総理経由で大統領が任命する。

また、ソウル特別市の議会が構成されるまでの条例の制定・予算・起債・予算外義務負担に関する事項は、国務総理の承認を得て市長が施行するが、その他のソウル特別市議会の議決を要する事項はソウル特別市長の専決によるとされた。

これに加えて、同年11月には「釜山市の政府直轄に関する法律」が制定された。釜山市は慶尚南道から分離されて内務部直轄となり、道と同格の地方自治団体としての法的地位が与えられた。この法によると、「地方自治法に関する特別措置法及び他の法令等の規定は、閣令により釜山市と釜山市長に適用されると規定された事項以外は、これらに適用しない」と定められ、釜山市と釜山市長に対しては、道及びソウル特別市、道知事及びソウル特別市長に関する規定が適用されるとした。

---

6 この特別措置法によって、ソウル特別市長が中央の各部長官から指揮監督を受ける事項として列挙されたのは、①国家的基本政策に属する事項②基本原則に関する事項③全国共通に実施される事項④ソウル特別市以外の地域と関連がある事項⑤監察業務に関する事項⑥報告書提出と事実調査に関する事項などであった。

第2節　第四共和国の地方自治

1　第四共和国の特徴

「維新体制」と呼ばれる第四共和国は、1972年12月27日に公布された維新憲法（第7次憲法改正）のもとで始まった[7]。この憲法によると、国民の直接選挙により選ばれた統一主体国民会議（議長は大統領が兼任）の代議員が、大統領を間接選挙することになっていた。大統領には国会解散権及び緊急措置権が与えられた。また、大統領の推薦により、統一主体国民会議において国会議員定数の3分の1に当る任期3年の「維新政友会」議員を選出することができるという特異な仕組みが設けられることによって、憲政史上初めて国会議員の間接選挙が登場した。維新体制とは、伝統的な三権分立主義を逸脱し、大統領を政治権力の最高頂点とした権威主義的政治体制だったのである。換言すれば、新しい憲法は、大統領の権限を強化することによって、一人支配体制の構築を可能にし、大統領を「領導者」的地位に格上げさせた。維新憲法の採択で三権分立体制は事実上崩壊し、一元体制へと再編されたのであり、これによって統治権の「私有化」が進み、併せて神格性まで賦与されるに及んだのである。

7　維新憲法の公布に先立つ1972年10月17日、朴大統領による特別宣言が発表されたが、通常同宣言を10月維新と呼んでいる。この維新憲法の主なる内容は①大統領選挙は統一主体国民会議で行い、②大統領の任期は6年とするが、重任制限規定を撤廃し、③国会は一院制とし、議院の三分の一は大統領の推薦で統一主体国民会議が総括して賛否の投票をして決定、任期は3年、残りの三分の二は総選挙で選出されるが任期は6年、④大統領に国会解散権を与え、⑤国会の国勢調査権を削除し、⑥憲法委員会を設置するなどである。

2 維新憲法の内容

この第四共和国の維新憲法は、その第10章を「地方自治」とし、第114条と第115条には、先述した第三共和国憲法の第3章第109条、第110条と全く同一の内容の規定がおかれていた。また、その附則第10条で「この憲法による地方議会は、祖国統一が達成されるときまで構成しない」という規定が置かれていた。その結果、第四共和国下では憲法が自ら住民自治を否定していたことになり、この抑圧的政治体制の下では以降、各政党やその他の政治活動の中で、地方議会の構成についての議論や主張はほとんどみられなくなっていったのである。

ところで「維新体制」は、1971年の第7代大統領選挙の結果、民心離反を痛感した朴政権が、これからは選挙を通じた体制維持とリーダーシップの確保が不可能であるという判断の下に、祖国近代化・南北統一・国家安保・産業化・セマウル運動[8]などの政策論理を巧みに駆けながら、政権の延長を企図して推進したものであった。朴正熙と共和党は、国家安保と統一及び民族再興の正当性を前面に出して、そのためには国力の組織化と能率が要求されるとし、維新体制への転換が不可欠であると強調した[9]。

---

8 セマウル運動（新しい村づくり運動）は、1970年に朴正熙大統領が提唱した農村近代化運動である。この運動は、住民の自発的参加による精神革命を標榜したが、やがて官（政府）主導のもとに半強制的な動員体制といった様相を呈し、70年代中半に実施された所得増大事業は一時的効果だけですぐに失敗に終わった（李佑在(1988)、『韓国農民運動史』、ハンウル、18頁~23頁）。しかし、セマウル運動は農民に「なせばなる」の意識改革をもたらした肯定的な面もある。

9 しかし維新の基本動因は、その間成長と安定の名分のもとに抑圧された民衆階層が、成長の果実に対する正当な分配と民主主義の実現を要求すると、これに危機感を感じた体制勢力が抑制政策を通じて自分などの権力と利益を守る道を模索するところから始まった。

表 3-1 第 7 代大統領選挙の結果（1971 年 4 月 27 日）

単位：名（%）

区分	朴正煕候補	金大中候補	その他の候補
得票数	6,342,828	5,395,900	184,490
得票率	53.2	45.3	1.5

資料：中央選挙管理委員会（1973）、『大韓民国選挙史』、第 1 輯

こうして政府は、中央情報部と保安司令部など抑圧機構を強化し、議会・世論・政党・学生・労組など民主主義の下部構造を厳格に統制していった。また維新体制は、産業化政策を効率的に推進するという名目の下に、国家の企業家的役割を強化し、官僚的技術主義を体制運営の基本原理に捉え付けた。このような構造的特性によって、国家部門の相対的自律性は増加した反面、社会部門の活動空間と参加機能は極度に萎縮してしまった[10]。

このように、近代化・産業化・工業化が国家目標の至上課題となり、その目標の達成のために技術官僚主義と行政の効率性・能率性とが強く要求された維新体制下では、本来的に地方自治の存在の根拠が求められなかったのである。

3 第三・第四共和国期の住民参加に関する一考察

第三共和国は地方自治を実質的な面において廃止させた。軍事革命とともに地方議会は解散され、地方議会が行使していた権限は監督官庁によって行使された。

10　金浩鎭（1991）、『韓国政治体制論』、博英社、235 頁。

高度な中央集権化した強力な行政体制を構築し、開発行政を推進する反面、能率性と地域開発事業にあって計画の樹立過程や執行過程で住民参与が完全に遮った中で、上意下達による一方的な行政執行は住民の理解と好応を得ることができなかった一方で違和感さえ助成させた。ここで権威主義的文化と保守的な性向は住民参加が排除されるまでに至った。

一言で言えば、住民参加の活性化のための構造的可能性は制限されたのであった。このような状況で、次のような特定的な変化が現れるようになった。

一つ目は、この時期、「外貨依存的非自主性」が強い韓国の中産層の間には、現状維持的保守性と機会主義的な性向に基づき、民主的政治発展の要求を経済成長から得たもので相殺しようとする傾向が生まれ、これが住民参与を制限する結果となった。

二つ目は、権威主義的政権下での地方行政は住民参与をほとんど認定せず、ただ、官の主導による統制を通して地域開発に参与させた。

三つ目は、これがきっかけとなって労働運動はその規模を拡大し、内容も激化していった。そして、韓国の民衆主義からだんだんと階級的な性格を持つ労働者中心の勢力に変貌していった。これは急激な工業化による労働者層の量的な増加原因がある反面、強力な国家組合主義的な強圧と「先成長後配分」政策の結果であった。したがって、韓国の民衆主義は弱体化し、潜在化したが、時には過激に表出されたのである。

これは韓国の民主主義が先進国とは異なって国家が被支配住民の理解を統合することができなかったことにその原因がある。したがって、安定した支配体制を確立できず、維新体制が悲劇的な終末を招いたのである。

結局、第三・第四共和国における地方自治の特徴は、地方行政で全ての人的・物的努力を開発行政・生産行政という目標に投入してある程度成果を上げた反面、開発の主体及び当事者となる住民の行政参加の道を根本的に遮断し、過度な中央集権主義による言論の統制は地方自治に対する世論を作る力まで剥奪した。政府の各種政策の宣伝道具として利用されたのである。第四共和国行政体制の名目上の目標は、経済成長と福祉社会建設及び自主国防と安保強化であったので、名目上の目標を達成するために能率性を極大化し、民主性を極小化したと言えよう[11]。

しかし、第四共和国の行政体制の実質的な目標は体制維持であったと言える。「總和維新」というスローガンの下で維新体制擁護目標は大統領の談話文は形式的で継続公布された。第四共和国の行政体制の実態はこのようなものだったので、民主化の根本となる地方自治は単なる形式に過ぎなかったと言えよう[12]。

11　安海均、前掲書。

12　政治体制目標の優先順位

区分 ＼ 会計年度	1965-1972	1973-1977
安保	14.1	14.5
経済発展	47.7	53.8
社会福祉	12.9	11.4
政府行政	5.6	0.2
その他	19.5	19.9
合計	100（%）	100（%）

出所：南宮権（1978）、『韓国の近代化と大統領のリーダシップ比較研究』、ソウル行政大学院碩士学位論文

1976年の行政目標：①国家安保第一主義、②安定と着実な成長、③韓国總和体制の強化

1977年の行政目標：①總力安保体制強化、②高度経済成長持続、③国民總和の強化、ここでも行政目標が①経済発展、②国家安保、③福祉増進であることが分かる。

第3節 第五共和国（地方自治制度の再形成の政治過程）

1 第五共和国前半期（1980年–1985年）

1）民政党代表の地方自治制実施言明

第12代総選挙を数ヵ月後に控えた第11代国会の最後の定期国会で、民正党・民韓党・国民党は、自治制の実施・言論自由の保障・学園自律化・大統領直選制改憲など様々な政治的な論争について、例年に見られなかった真剣な論議を続けた。

1984年10月5日、国会本会議は国務総理をはじめ全国務委員が出席した中で、権益鉉民政党代表委員（当時）など3党代表が演説を行ったが、ここで地方自治制実施に関する画期的な発言が出て、国民の注目を集めた。

権代表委員はこの演説で、地方自治制について「可能な限り最短時間でその実施を着手しなければならない」と指摘した上で、「民政党は、実効性のある地方自治制の早期実施法案に関して適当な解答を迅速に導出するため、各系各層を網羅した地方自治制実施研究委員会を国務総理傘下で新たに設置し、地方自治制実施の時期と方法などに関する一切の事項を担当するものとする」と述べた。

権代表委員はそのほか、平和的な政権交代・第12代総選挙の1985年実施・解禁問題・言論基本法改定問題なども言及したが、地方自治制実施に関して、与党の明確な意思が開陳されたのは画期的な事であった。

一方、民韓党の党首は代表演説を通じて、「第11代国会が民主主義に向かった過度的・予備的責務を果たすためには、地方自治制実施などを早めなければならない」と主張した。国民党の李萬燮副党首も、地方自治体実施・言論自由の保障・政治非規制者に対する逸早い全面解禁などを政府・与党に強く要求した。

国会3党代表演説をきっかけに、政府・国会内で地方自治制の実施が本格的に議論され、学界や一般国民の間にも関心が広がり始めたのである。

2）地方自治制1987年実施に各政党合意

与・野党は1984年11月24日午前、国会議長接見室で第3次3党3役会議を開き、その時まで実施時期問題をめぐって論議されてきた地方自治関係法の改定問題に区切りをつけ、1987年上半期までにまず適当な一部地域で地方議会を1次的に構成し、条件が整うに従って順次、拡大実施すると合意した。

民正・民韓・国民党の事務総理・政策委員長・院内総務と議定同友会の会長および総務が参席したこの会議で、地方自治制実施・集会と示威に関する法律（集示法）改正・言論基本法改正・労働関係法改正・政党法改正など5つの政治議案の一括的妥結に与・野党が成功したことにより、国会運営は正常化された。

これに先立つ22日午後、民正党は政府側と地方自治制実施に対する意見調整作業を終え、10月23日朝、当事者会で3党3役会議に提示する与党の最終案を確定した。

この日、3役会談で民正側は当初、地方自治制を「1987年内」で実施するように主張し、民韓・国民党側は「1987年初」で実施時期を決めるよう要求したが、結局「1987年上半期」とすることで妥協が成立した。

3）大統領の1985年度国政演説：地方自治制に関する実務作業の始まり

全斗煥大統領は1985年1月9日、第124回臨時国会本会議に参席し、そこで行った新年国政演説において地方自治制実施に言及した。

全大統領は、第五共和国の憲法を順守するため、地方自治制実現に向けての努力を強調し「過去の憲法が南北統一までその実施を留保したことを撤廃し、現行憲法が段階的な実施を名分とした規定を順守する為、1987年に一部地域から地方自治制を実施することに決定した」と述べた。また全大統領は、「過去の経験を通じて現れた望ましくない部分が再現されないよう、本来の趣旨に合う事前検討をしていく」と強調し、「1985年初頭に構成される地方自治制実施研究委員会で、韓国の実情に合う制度の模型を作り上げていく事に期待する」と言った。

これは、大統領の地方自治制実施に対する強い意思表明であり、この時から地方自治制実施のための政府側の本格的な実務作業が活発に展開されていった。

4）新民党「政綱政策」を採択

民主化推進協議会を中心とした野党政治勢力は、選挙日まで一ヶ月を切った1985年1月18日、「新韓民主党（新民党）」を結成し、第12代国会議員選挙に参加した。新民党は、創党宣言文で「国民の民主化の熱望と潜在している民主的な力量を総集結し、祖国の無窮な発展と、真の民主統一を実現するよう、民族の主体勢力として全ての反民主勢力とその要素を果敢に削除する」と同時に「民衆の力が国家の力よ、民衆が国家の主人である事を見せ挙げる」と誓い、「大統領中心制と大統領直選制、独裁と独選の排除、地方自治の早期実施、言論基本法の廃止、軍の政治的中立、南北会話の継続推進」などを「政綱政策」として採択した[13]。

5) 2・12 選挙と民正党の地方自治制公約

1985 年 2 月 12 日の第 12 代総選挙で民正党は、1987 年上半期地方自治制実施を選挙公約の一つとして掲げた。民正党はこのため、国務総理所属の下に地方自治制実施研究委員会を設置し、1986 年末まで立法処置など全ての準備を済ませ、87 年に自治与件が組成される適当な地域に地方議会を構成すると明らかにした[14]。

2 第五共和国後半期(1986 年-1987 年)

1) 憲法改定論議の始まり

新民党と国民の要求により、全斗煥大統領は1986年1月16日、国政演説を通じて改憲に対する自分の構想を発表した。ここで彼は、既存の憲法で新しい大統領を選出し、新しい憲法制定特別委員を設置する論議を始めた。しかし 9 月、新民党は、改憲の内容と時期に関する意見対立を理由に、大統領直選制改憲合意の催促によっては憲法改正特別委員会に参加しないことを宣言し、膠着状態に陥った。

与党は内閣制を主張したが、それは全斗煥大統領が「短任約束」を実行する状況で、他に代案が無かったためであった。そ

---

13 池乗文外(1997)、『現代韓国政治の展開と動学』、博英社、394 頁。

14 朴種貴(1987)、『地方自治の実際』、図書出版慶尚、96~98 頁。

の反面、野党は大統領直選制改憲を建前として挙げたが、一方では内閣制に大きな魅力を感じている勢力もいた。

このような膠着状態は2つの極端的な事態により、爆発的な状況に変貌した。まず当時、新民党を委任統治していた協議派の李敏雨党首は1986年12月24日、彼が提示した民主化処置(政治犯釈放・言論自由の保障・金大中復権など7項目）が受け入れられたら内閣制改憲を受容するという、言わば「李敏雨構想」を政府・与党との妥結案として発表した。しかし、新民党の実勢で強硬路線を見地していた両金（金大中と金泳三）はこれを受け入れなかった。彼らは1987年2月13日、共同記者会見を通じて大統領制と内閣制との二つで一つを選択する選択的国民投票を実施することと、彼らと全斗煥大統領との実務会話を要求した。

また、彼らは新民党を和解させた。これで野党内妥協勢力は政治闘争の核心から消え、政局は強硬闘争に至ることになった。

このような力の膠着状態を破ったのは「4・13護憲措置」であった。これを通じて与党は、力の膠着状態を打開し、権力闘争で勝利するための強硬策へと方針転換した。この措置は、当時まで進行していた全ての改憲論議をオリンピック以降まで留保し、年内に現行憲法で大統領選挙を実施し、政府を委譲する事を骨子にしていた。以降、5月下旬になって朴種哲君拷問致死事件が一般に公開されるまで、政府の強硬策は固く守られた。

2）6月蜂起

「護憲撤廃、独裁打倒」の標語で始まった6月蜂起は当時まで膠着状態にあった護憲勢力と改憲勢力との力の闘争を根本的に置き換えた。それは当時まで疑惑されていた全斗煥の再任、あるいは幕後での実力行使をとりあえず不可能にさせ、自由民主主義的な手順に従った大統領選挙と政治過程の民主化を可能にした。

6月蜂起の政治的触媒は、1987年5月22日、朴種哲君拷問致死事件を正義具現司祭団が暴露したことであった。この事件は全斗煥政府の暴力的弾圧を象徴した事件として国民の怒りと批判を浴びた。護憲措置以降、護憲撤廃闘争を拡散させていた学生・聖職者・知識人及び一般市民は5月27日、全民主連帯機構である「民主憲法争取国民運動本部」の結成をきっかけに抵抗運動の求心体を持つようになった。

与党は統一民主党を在野に分離し、それとの協商を図った。6月10日、民正党大統領候補で公式に選出された盧泰愚は、与野党間の事務協議を推進した。これに対して統一民主党は、領首会談を主張し、6月24日、全斗煥大統領と金泳三党首との間で青瓦臺会談が開かれたものの、この妥協策は失敗した。統一民主党と国民運動本部は、領首会談が決裂したと判断し、6月26日、「国民平和大行進」を強行した。これは主催側の推算で34市、4郡、総140万名が参加した大規模な国民抵抗であった。このような抵抗勢力の強硬闘争と力誇示で、与党はジレンマに陥った。政治的決断の瞬間が迫ってきたのである。しかし、政治的決断は国家内穏健派の勝利を通じて6・29宣言として現れることになった。

3) 6・29宣言

与党内の強硬派の衰退と穏健派の優勢は、5月26日の大幅の改閣を通じて、強硬派のリーダーであった張世東国家情報院部長を解任させたことに顕れた。これは、穏健派に所属する鄭鍋溶内務長官の両者同時辞退の強権によるものである。

それまでの与党内権力闘争は、特に盧泰愚民正党代表委員と張世東国家情報院部長を中心に起きていた。朴種哲君拷問致死事件で国民的抵抗が激しく起きたことで、4・13護憲措置を勧告したとして知られている張世東の権力ブロック内における立場が弱くなり、相対的に劣勢であった穏健派の盧泰愚が、鄭鍋溶の力を得て候補として優勢な位置を確保することができたのである。盧泰愚は6月10日、民正党の次期大統領候補として公式に選出され、与党内の権力闘争に終止符が打たれた。

いっぽう、野党は強硬な立場をとったため、政治的妥協が不可能な情勢であった。盧泰愚は、内外信特別記者会見を通じて、「6・29宣言」と呼ばれている政治的選択を提示した。この宣言は、野党と一般国民が要求した中でも核心的な事項であった大統直選制改憲を受け入れ、年内に実施される大統領選挙を通じて翌年の2月中に政府を委譲するという骨子であった。その他に　①大統領選挙法改正　②金大中赦免・復権及び一部を除いた政治犯の赦免　③国民基本権伸張　④言論自由保障　⑤地方自治制実施、大学自由化　⑥政党の自由な活動保障　⑦果敢な社会浄化措置、を提示した。

実際に「6・29宣言」後、政府は金大中など2, 335名の赦免・復権を実行したのである。このような意味で「6・29宣言」は、一面では盧泰愚本人が表現したように「国民に対する降伏である」とも言えるが、他の面から考えれば権力延長のため合理的に計算された行動である。

その後、憲法改正は加速化し、10月22日与党と野党の合意によって成立した憲法改正案は、国民投票で信任を受け、確定した。その核心は政府の形態であり、国民直接選挙による大統領制が採択され、大統領の任期は5年単任とされたのである[15]。

第4節 第六共和国期の地方自治制度の形成過程

1 地方自治法の改正

1）地方自治法の改正過程

第六共和国は「地方自治の早速な実施」を約束して出帆した。そして、第六共和国が出帆して間もなく開かれた第12代国会の会期末、野党不参加のまま、地方自治に関連した5個の改正法案が通過した。このようにして、韓国の地方自治法は7度目の改正を受けた。この地方自治法改正は第五共和国後半、政府によって実施されようとしていたものが、事実上第五共和国の国会によって第六共和国下で実施されたものである。改正されたこの自治法は、5・16クーデター以後長く韓国の地方自治を支配してきた「地方自治に関する臨時措置法」を廃棄し、27年ぶりに地方自治法を正常稼動させたことに決定的意味がある。同法はまた、地方議会の構成時期をこの自治法の施行日（1988年5月1日）から1年以内とすると定めていたのである。

第13代国会では、「与小野大」の構図が形成され、このような状況の政勢の中で、当時の野党3党によって地方自治法は再

15　金栄明（1993）、『韓国現代政治史：政治変動の力学』、乙有文化社、369~379頁。

度改正されたが（1989年3月）、大統領の拒否権行使のため廃案となった。その結果、1989年4月まで構成しようとした地方議会は構成されなかった。このように地方自治制の実施は難航したが、第147回定期国会最終日である1989年12月19日、与党と野党の合議によって9次改正地方自治法が通過した。

2) 3党の合党と金大中の断食篭城

1990年1月22日、民正党総裁である盧泰愚大統領と金泳三民主党総裁、金鍾泌共和党総裁の3人は「新しい歴史の創造のための共同宣言」発表とともに「3党合党」[16]を断行した。この時期、地方自治制問題は制度政治権の政治的な取引の道具と化してしまっていた。3党合党で国会勢力構図が「与小野大」に変わると、執権野党は与小野大の状況で決定した地方自治法を廃棄し、彼らの支配戦略に有利な地方自治法に改正しようとし

16　第13代大統領就任式から2ヶ月後の4月26日行われた国会議員選挙は3野党乱立から与党過半数確保は動かないとみた大方の予測をくつがえし、与党民正党はかろうじて第一党を確保したものの、過半数の150議席を大きく割り込んで125議席であった。それに引き換え3野党は合わせて165議席を占めた。野党が与党を上回る「与小野大」国会の出現をもたらす結果になった。
新国会招集時議会状況は次の通りである。

民正党	125	(125)
平民党	71	(70)
民主党	60	(59)
共和党	35	(35)
無所属・その他	8	(10)

※（）内は開票直後（4月27日）の当選者数

このような状況の中で、少数与党では任期中、円満な政局運営ができないと考えた盧泰愚大統領（民正党代表）が、得票率が2位の金泳三代表の民主党及び3位の金鍾泌を代表にする共和党と合党し、民主自由党を創党したのである（文容直（1994）、『韓国の政党政治：民主化過程を中心に 1985~1992』、ソウル大学校博士学位論文、46頁）。

た。そして、1990年上半期に実施予定だった地方議員選挙も実施されなかった。

3党の合党の発表は、野党及び在野の深刻な反発をひき起こした。民自党への不参加を宣言した民主党議員5名と無所属議員などは新野党の創党を宣言し、創党準備作業に入った。

第13代国会冒頭で選出された議長団の任期（2年）が終わっても、与野党の対立で新国会議長団の編成が延期された。したがって5月末、与党は単独で会期1日間の臨時国会を開催し、新任議長団選出を決行した。

与野党の対立で国会が空転すると、盧泰愚は平民党総裁と会談し、臨時国会開催に合意した。しかし、難しい状況で開会された臨時国会さえ、与野党対立の激化で各種議案通過が困難になると、与党は7月14日本会議において26の議案を単独で通過させた。これに反発した野党議員らは全員、議員職辞退書を提出した。

結局、野党議員たちの登院拒否で1990年度定期国会は空転を繰り返した。政治的な跛行が続く中、10月8日、平民党総裁である金大中は①内閣制改憲放棄②地方自治制全面実施③軍の政治視察中止④物価及び治安などの民生問題解決、などを国家正常化の条件として断食闘争に入った。金大中の断食闘争は10月20日まで継続し、平民党議員30余名も断食闘争に参加した。結局、金泳三民自党代表最高議員が断食中の金大中を訪問し、地方自治制実施を約束することによって、4ヶ月間空転を繰り返した国会が正常化された。その後、1990年12月12日、与野党が妥協する形で地方自治法が改正・通過した。

1991年3月と6月に行われた地方議員選挙は、韓国の地方自治が中断されて以来、実に30年ぶりのものであった。1992年の大統領選挙を通じ金泳三政府が成立した後、1995 年 6 月 27 日に団体長選挙を含む 4 大地方選挙を同時に実施するため、第 12 次地方自治法改正法律案が 1994 年 3 月に通過し、3 月 16 日法律第 4741 号で公布され、1995 年 6 月に地方自治団体長選挙が実施されることになり、地方自治は完成した。ここでは、1991 年に実施された地方議員選挙を考察していくこととする。

表 3-2 地方自治に関する法律の制・改正（1949 年–1991 年）

共和国	地方自治法	地方自治に関する仮措置法
第一共和国	制定 : 1949.7.4 1 次改正 : 1949.12.15 2 次改正 : 1956.2.13 3 次改正 : 1956.7.8 4 次改正 : 1958.12.26	
第二共和国	5 次改正 : 1960.11.1	
第三共和国		制定 : 1960.9.1 1 次改正 : 1962.3.21 2 次改正 : 1963.6.18 3 次改正 : 1963.12.14
第四共和国	6 次改正 : 1973.1.15	4 次改正 : 1973.3.12 5 次改正 : 1975.12.31
第五共和国		6 次改正 : 1981.4.4
第六共和国	7 次改正 : 1988.4.6 8 次改正 : 1989.12.30 9 次改正 : 1990.12.30 10 次改正 : 1991.12.17	廃止 : 1988.5.1

出所 : 金安済（1995）、『韓国地方自治発展論』、大明出版社、215 頁

2　第 4 次地方選挙の一考察

1989 年民主化宣言から中央に対する民主化は波に乗り、大きくなりつつある反面、人々の地方に対する関心はまだ低かったといえる。ここでは、部分的地方自治である 1991 年の地方議員選挙と 1987 年の大統領選挙を比較考察してみることにする。

1）選挙の背景

前述したように、1988 年 4 月 26 日に実施された第 13 代の国会議員選挙の結果、政治構図が与小野大になると、野党 3 党（平民党・民主党・共和党）は「過度に中央集権的な第 7 次改正法律に基づいては地方自治を実施することができない」と表明し、各自改正案を提出した。その後、野党 3 党の合意で改正案が通過したものの、1989 年 3 月 24 日、大統領は拒否権を行使した。

1989 年 12 月 19 日の 4 党の合意をもとに、12 月 30 日に国会を通過した第 8 次改正案の主要案件は、市・道の副市長・副知事については当該の市・道知事が推薦した者を中央政府が任命するが、最初に選出された市・道知事の任期満了までは従来の任命制を継続するというものであった。

また、地方議会に行政事務監査権を与え、地方議会議員選挙は 1990 年 6 月 30 日までに、自治団体長選挙は 1991 年 6 月 30 日までに、各々実施することとした。また、農地改良組合・山林組合・葉煙草生産協同組合・人参協同組合の任・職員が、地方議会議員の兼職の禁止対象に含まれることになった。さらに、地方議会議員の日当及び旅費の支給基準については、大統領令が定めた範囲で、当該地方自治団体の条例において定められるようになった。

だが、地方自治法の改正後、今度は地方議会議員選挙法の制定問題が難航し、1990年6月30日以前の選挙は事実上、不可能になってしまった。広域議会議員の定数・政党推薦制の許容可否、比例代表制の導入可否、合同演説会など選挙運動方法について依然、相当な意見差があったのである。

巨大与党になった民自党は、また地方自治の実施を先延ばしにしようとしたと言われている。民自党は、政党推薦制が実施されると湖南・非湖南の地域対立構図を深化させる原因になるとして、政党推薦制の排除論を主張した。しかし、より実際的な理由は、政党推薦制を実施すると巨大与党に対する反発心理によって、湖南だけでなくソウルなどの大都市でも野党が勢力を得るだろうという政略的な判断にあった。それに対して野党の平民党は、もし政党推薦を排除すれば、ほとんどの地域で親与党の人士が当選し、野党の支持基盤が失われるだろうと考えていた。特に、一部の地域で、ほんの少し野党の地方議員と団体長を当選させたのが1992年末大統領選挙戦で有利な橋頭堡を確保しようとする政略によるものであった。結局、6月30日までに地方選挙が行われることはなく、両党は延期の責任を互いに転嫁しあった。

第六共和国において新大統領が約束し、第12代国会でも通過した1989年4月30日までの基礎自治団体の議会構成も雲散霧消し、1989年与・野合意で通過した地方自治法で約束した1990年上半期内の地方選挙実施約束も3党の合党後、これまた反故にされた。

このような中、1990年7月14日の国会本会議において、それまでの論難の的となった放送関係法・国軍組織法・光州補償法を含め、26の議案を民自党がわずか30秒で通過させた。これに対して、平民党・民主党などの野党は議員職を総辞退し、政局は極めて緊張状態に入った。

したがって、民自党は地方自治制度を辞退政局解決する対野協議用で、そして平民党は世論の力を得ることができる大権の迂回道で認識する理解関係の予測通りとなり[17]、結局1991年3月と6月に地方議会議員選挙が実施された。

与党の一方独走、野党の場外闘争、断食などで国会はあまり機能せず、1990年12月定期国会で与・野は劇的な合意で、第9次地方自治法改定法律案は国会を通過した。

表 3-3　1991年広域議会議員選挙投票率

単位：%

	投票率	基礎議会投票率	備考（地方選挙投票率）			1987年大統領選挙
			1960年	1956年	1952年	
ソウル	52.4	42.3	46.2	75.0		87.6
釜山	57.6	49.7				88.4
大邱	53.0	44.5				89.9
仁川	53.9	42.7				88.1
光州	55.6	50.8				92.4
大田	59.8	49.0				89.5
京畿	55.5	52.2	62.9	84.0		88.4
江原	68.5	68.7	75.9	90.0		90.7
忠北	65.4	64.9	72.8	89.9	86	91.0
忠南	69.1	67.3	68.8	87.0	78	88.3

17　金択秀（1990)、「治自体を妨害する変数」『地方自治』、1990年9月号。

全北	62.4	65.2	71.8	90.0	83	90.3
全南	65.3	69.4	74.1	89.0	86	90.3
慶北	68.7	70.3	67.3	81.0	80	91.0
慶南	64.8	64.5	68.3	84.0	78	89.5
済州	74.7	70.1	84.3	90.0	85	88.5
合計	58.9	55.0	67.4	86.0	81	89.2

資料:『東亜日報』1991年3月27日及び6月21日参考
中央選挙管理委員会　http//www.nec.go.kr　より再作成

5.16軍事クーデターで地方自治が中断になってから30年ぶりに実施された第4代地方議員選挙（基礎議会3月26日、広域議会6月20日実施）は、民主主義を定着させようという国民の希望の中で実施された選挙と期待されたものであったが、投票率は自治区・市・郡議会の議員選挙は55.0%、市・都議会の議員選挙は58.9%と極めて低調で、その意味では有権者の無関心を露呈する結果となった。

2）第4次地方議員選挙の分析

1991年3月と6月に行われた選挙の特徴はまず、低調な投票率である。低投票率の原因は政治に対する国民の不信感であった。投票率の55.0%、58.9%は、1988年の第13代総選投票率75.8%と1960年の市・邑・面議会議員選挙の投票率78.9%と比べても非常に低い数値である。従来の研究では、これは選挙直前に発生した国会議員の賄賂事件などが政治に対して不信を上昇させる悪条件として作用したものと言われている。

とはいえ、この点を考える上で重要なのは、同様の収賄事件が色濃く影を落としながらも行われた、翌年1992年の大統領選挙が対照的に高い投票率を集めたということであろう。すなわちこのことは、収賄事件という短期的な事件からは、投票率の低さを説明できないことを示唆している。そもそも収賄事件は、中央政治において勃発したものであり、それが中央政治の選挙よりも地方選挙への関心を低下させるというのは、明らかに矛盾した説明である。

重要なのは、この地方選挙が何を対象とし、どのような制度の下で行われたかであろう。この点について最初に指摘すべきは、選挙法の問題である。当時の選挙法が選挙運動を厳しく制限しており、有権者が候補者を知る機会は著しく少なかったと言われている。第二に自治区・市・郡議会議員の選挙では政党推薦制が排除されたことが挙げられる。第三に、このような中、与党性向の候補者が絶対的に優位を占め、政党の地域性が強く現れた選挙であったことである。公式的には政党参加が排除された選挙であったが、候補者の背景をみると〈表3-4〉のとおりである。民自党は全体議席の半分近く、49.8%の議席を獲得したが、平民党は18.2%、民主党は0.8%を獲得し、無所属は31.2%だった。無所属の中で半数以上が親与党的な性向が強い保守的な人物で、その無所属当選者を加えると民自党は70%以上の当選者を確保した。

四つ目は、当選者の性別・年齢別・職業別・分布度をみると〈表3-5〉のようになる。当選者を性別でみると、女性議員の構成比は0.9%に過ぎない。特に農村地域では女性議員の出馬率と当選率がきわめて低かった。年齢的には40~50代が全体の78%を占めた。これは保守安定志向的な傾向であろうし、また学歴で高卒以上が80%を超えたのは社会全般的な高学歴化を反映したものであろう。職業については、農業と商工業など自営業が 60. 8% で主な割合を占めた。

表 3-4　1991 年の基礎議会議員選挙の政党別当選現況

単位：名（%）

区分	当選者数	民　自	平　民	民　主	無所属
合計	4,303 (100)	2,142 (49.8)	785 (18.2)	33 (0.8)	1,343 (31.2)
ソウル	778	414	169	5	190
釜山	303	137	-	1	165
大邱	182	139	-	1	42
仁川	153	123	9	3	18
光州	110	2	105	-	3
大田	91	49	1	3	38
京畿	526	265	39	12	210
江原	240	166	3	-	71
忠北	173	106	-	-	67
忠南	223	153	1	3	66
全北	280	61	191	-	28
全南	337	25	267	-	45
慶北	403	241	-	2	160
慶南	453	224	-	3	206
済州	51	17	-	-	34

資料：『韓国日報』、1991 年 3 月 28 日付け

※ 基礎議会の場合政党推薦ではないが、当選者性向を韓国日報が自ら分析したものである。

こうした数字は過去、1960年に実施された地方議会議員選挙の当時当選者の約60%が初等卒で、職業も農業が85%以上だったことに比べて、韓国社会が相当な変動をしたことを物語っていよう。五つ目は、基礎議会の無投票当選比率が14. 3%で比較的に高かったことが挙げられる。これは、有権者が地域のため働く人物を選択する機会がなくなったということである。

六つ目は、広域議会選挙における与党の民自党の圧勝と野党の新民党の惨敗である。〈表3-6〉のように、民自党は全体議席866議席中、65. 1%にあたる564議席を獲得した。地域別では15ヶ所の市・都のうち、湖南と済州地域を除いた11ヶ所の地域議会で議会掌握率73. 3%を占め、広域議会を握ることができた。

表3-5　1991年の基礎議会議員当選者の職業別・年齢別・学歴別現況

単位：%

<table>
<tr><th>職業別</th><th>農業</th><th>商業</th><th>工業</th><th>鉱業</th><th>水産業</th><th>運輸業</th><th>建設業</th><th>出版業</th><th>公益事業</th><th>宗教人</th><th>医師薬師</th><th>会社員</th><th>教育者</th><th>政治人</th></tr>
<tr><td>分布</td><td>26.5</td><td>26.2</td><td>5.3</td><td>0.2</td><td>1.7</td><td>2.0</td><td>8.0</td><td>0.5</td><td>0.8</td><td>0.1</td><td>3.4</td><td>4.5</td><td>0.3</td><td>0.9</td></tr>
<tr><td colspan="2">年齢別</td><td colspan="2">25~30歳</td><td colspan="2">31~40歳</td><td colspan="2">41~50歳</td><td colspan="2">51~60歳</td><td colspan="2">61~70歳</td><td colspan="3">71歳以上</td></tr>
<tr><td colspan="2">分布</td><td colspan="2">0.7</td><td colspan="2">12.1</td><td colspan="2">38.3</td><td colspan="2">40.3</td><td colspan="2">8.3</td><td colspan="3">0.3</td></tr>
<tr><td colspan="2">学歴別</td><td colspan="4">無学及び初等卒</td><td colspan="2">中卒</td><td colspan="2">高卒</td><td colspan="2">大卒</td><td colspan="3">大学院卒</td></tr>
<tr><td colspan="2">分布</td><td colspan="4">8.1</td><td colspan="2">10.0</td><td colspan="2">33.3</td><td colspan="2">33.6</td><td colspan="3">15.0</td></tr>
</table>

資料：中央選挙管理委員会（1991）、『区・市・郡議会議員選挙総覧』

※ 学歴で中退は中卒、高卒、専門大卒は大卒に含まれる。

※ 職業別分布の中、無職は30%、その他は16.6%を占めたが、表には含まれてない。

これは、基礎議会での議会掌握率 73. 1% よりさらに高くなっている。しかし、58. 9% の投票率は 41% の国民が与野党の政治権に対して批判的であるということを意味する。特に彼らのほとんどが民自党に批判的な 20~30 代の若い有権者であったという事実は、広域議会での圧勝が民自党に対する国民の支持を直接的に証明するものではないということを示唆している。すなわち、民自党が有権者全体の 24% にあたる得票をしているし、それを基盤として 65. 1% にあたる議席を占有したので、このような事実によれば今度の民自党の勝利は抵抗勢力の分裂で現れた結果だったと言えるのである[18]。

さらに当選者の背景を見てみると、当選者たちの政治的性格は革新より保守、親野より親与的な性格を持っている。彼らはだいたいが中産層以上の地域名士で安定を追究する保守的な既成世代である。その意味で、30 年ぶりに復活した韓国地方自治の出発は「草の根民主主義」ではなく、「草の根保守主義」であった[19]。今回の選挙は、低い投票率に現れた国民の政治的な無関心と野党の分裂による民自党の勝利であったと言える。これは国民が長い間、政治権が見せて来た形態の強硬対峙政局に飽き、鄭原植総理代行に小麦粉をかぶせた「暴力事件」のように過激運動権に対した反感と保守回帰心理、そして若い有権者達の回避と無関心と同時に地方自治体の自体に対する懐疑と不信、そして無関心と認識不足、その上、政治不信と有権者との接触機会が極めて制限されている選挙法と 1 人万を選出する小選挙区制などによる結果であったと評価される[20]。

18　朴宰昌（1991）、「広域地方自治体は我らに何を残したのか？」『地方自治』、1991 年 7 月号、27 頁。

19　鄭龍俊（1991）、「広域議会当選者たち、与党一色の商工業 26%」『地方自治』、1991 年 7 月号、57 頁。

20　鄭龍俊、前掲書、57 頁。

表 3-6　1991 年の広域議会議員選挙の政党及び地域別当選者現況

単位：名（%）

政党／地域	議員定数	民自党	新民党	民主党	民衆党	無所属
ソウル	132	110	21	1	0	0
釜山	51	50	0	1	0	0
大邱	28	26	0	0	0	2
仁川	27	20	1	3	0	3
光州	23	0	19	0	0	4
大田	23	14	2	1	0	6
京畿	117	94	3	2	0	18
江原	54	34	0	1	1	18
忠北	38	31	0	2	0	15
忠南	55	37	0	4	0	14
全北	52	0	51	0	0	1
全南	73	1	67	0	0	5
慶北	87	66	0	5	0	16
慶南	89	73	1	1	0	14
済州	17	8	0	0	0	9
合計	866 (100)	564 (65.1)	165 (19.1)	21 (2.4)	1 (0.1)	15 (13.3)

資料 : 中央選挙委員会（1991）、『市・都議会議員選挙総覧』

表 3-7　1991 年の広域議会議員当選者の職業別・年齢別・学歴別現況

職業別	商工業	農漁業	建設業	医薬・弁護士	政党人	その他
単位（%）	225 (26)	128 (15)	107 (12)	73 (9)	67 (8)	266 (30)
年齢別	20 代	30 代	40 代	50 代	60 代以上	
単位（%）	4 (0.5)	84 (9.7)	305 (35.2)	389 (44.9)	84 (9.7)	
学歴別	大卒以上	専門大卒	高卒	中卒	初等卒	
単位（%）	559 (69.2)	18 (2.1)	209 (24.2)	20 (2.3)	14 (1.6)	

資料：中央選挙委員会（1991）、『市・都議会議員選挙総覧』

金泳三政府は出帆後、地方自治法の改正意見を集約して、国会に与野党同数の政治関係法審議特別委員会を設置し、約 1 年間の与野党協議を通じて遂に 1994 年 3 月、地方自治法を改定した（法律第 4741 号）。

第 10 次改定（1994. 3. 16）の主要な内容は、都市部と農村部の複合的形態を有する市に洞・邑・面を設置する、廃置・分合または重大案件における住民投票の実施、条例違反行為に対する 1 千万ウォン以下の過料規定、地方議員への議定活動費支給、地方議会の会議日数増加（市・都議会 120 日、市・郡・区議会 80 日）、邑・面・洞長の一般職公務員への任命、自治団体の紛争調整委員会の設置、団体長と議員任期の統一などである。

また、第 11 次改定（1994. 12. 20、法律第 4789 号）では、直轄市の広域市への名称変更、広域市への郡の設置認容、地方自治団体長の再任制限（3期まで）、団体長の兼職制限の対象への農業・水産・畜産など組合の中央会と連合会の役員・職員の追加、などが定められた。

第12次改正（1995. 1. 1、法律第4877号）の主な内容は次のとおりである。5級以上の公務員は地方自治体長の意見を参考にしつつ所属長官の提請で大統領が任命し、6級以下公務員については地方自治団体長の提請で大統領若しくは所属長官が任命する。また、これまで別の選挙法体系であった大統領選挙法・国会議員選挙法・地方議会議員選挙法・地方自治団体長選挙法を単一法で統合して「公職選挙及び選挙不正防止法」とした（法律第4739号）。

この法律は、選挙運動の自由化を拡大させ、金のかからない選挙を実施し、選挙犯罪に関して処罰を強化させ、公務員や企業などによる脱法選挙運動を防ぐという目的を持っていた。この改正の後に、国民の期待が高い初の統一四大地方選挙が行われたのである。

3　第五・第六共和国期の住民自治意識の一考察

住民の自治意識は政治意識と異なる特別な意識状態ではなく、長期的な教育と文化的な背景を元に形成された住民の思考方式、すなわち、住民の政治意識である[21]。

21　自治意識を市民文化または政治文化で規定した初期の研究でAlmondとVerbaの政治文化研究で表したように政治文化は大きく3類型で構成される。すなわち、未分化型・巨民型・参与型に区分し、社会が発達することによって住民の自治意識も一番高い参与型に発展していく（朴東緒・金光雄（1987）、『韓国人の民主政治意識』、ソウル大学校出版部、64頁）。

韓国は伝統的な社会的・経済的・文化的な与件の中で、先進国で見られるような価値意識の正常な生成過程を経ず、形式的な制度の先行によって過去における地方自治運営上で地方自治意識の低調に起因した住民の無関心・自治政の形式化・住民分裂など様々な弊害をもたらしたのである[22]。

住民の自治意識を一般的な政治意識・住民の参与度・自治制度に基づき住民の関心度、自治制に対する住民の価値観に分けて分析する場合、現在の住民自治意識は1960年代と比べて、相当な進展があると言える。朴東緒・金光雄教授の研究によると、韓国の国民は過去と比べて、民主主義の概念に対する認知程度は高くなり、民主主義の理念的原理に関する意識が節次的原理に関する意識より高く表れた[23]。住民の民主主義に対する実践的側面である参与度に対する経験的分析結果をみると[24]、20年前と比較して政治参与の性格がより積極性をみせたが、やはり政治参与水準は低調し、影響力ある政治参与はできなさそうである。このような政治参与行為を様々な形態に分けることができる。

この中で、投票参加の経験が異なる参与形態と比べて、圧倒的多いが、投票行為のような政治参与は比較的に高い水準の政治意識を必要としないと同時に、影響力の程度にあっても相対的に微弱であると言える[25]。しかし、1980年代後半、参与の爆発

22　内務部（1968)、『地方自治白書』。

23　朴東緒・金光雄（1987)、『韓国人の民主政治意識』、ソウル大学校出版部、64頁。

24　上掲書、64頁。

25　政治参与の経験

アンケート	比率（%)
投票の参加	91.2
他人と政治に関する話をする	17.4
選挙運動に関心を持っている	16.6

現象は韓国政治で民主主義実践の水準が比較的に低かったのは、意識の問題より、環境的な要因[26]であったと言えよう。

自治制度に対する住民の関心度の経験的な分析結果をみると[27]、約80%が地方自治の実施に関心を持っているし、女性より男性、学歴が高く年齢が若いほど関心があった。これは1964年度に地方行政研究員会が実施した自治意識実態調査に比べて相当な進展がある。全般的な応答内容を分析してみると、区自治制・訴請制度・不信任権及び議会解散権・大都市特例制度などに関する質問に10%以上が「知らない」と答え、地方自治と関連がある知識水準が全然ないとはいえない。しかし、50~60年代と比べて、社会経済的水準が高くなり、これによって地方自治に関する関心が高くなったことも事実である。

地方自治に対する住民の価値観の調査分析をみると、地方自治の実施時期に関しては多数が地方自治の早速な実施を希望し[28]、全国的で同時に実施することを選好した。地方自治団体の

地方での公的政策に影響を及ぼそうとする	10.5
政党加入	4.4
選挙運動に時間をかける	4.0
国家の政策決定に影響を及ぼそうとする	2.5
政治目的のために寄付	0.5

出所：李英鍋（1973）、「韓国の社会変化と政治参与」、『韓国社会の伝統と変換』、高麗大学校アジア問題研究所

26　ここで環境的な要因とは、意識以外に制度と規範を意味することで、例えば、ある個人が正しい民主意識を持ち、民主的行動をしようとするが、社会規範がそうではないので、いつも損するならば、正しい民主意識を持っている人でも民主的な行動をしない可能性は十分にあると言うことである。

27　韓国地方行政研究院（1989）、『地方自治に関する住民意識調査』。

28　趙昌鉉（1988）、『地方自治に関する民主意識』、漢陽大学校地方自治研究所。
韓国地方行政研究院（1989）、『地方自治に関する住民意識調査』。
李周熙（1989）、「地方自治法改正案4党争点に対する意識調査」、『地方自治』。

規模は現行2層構図を選好し、中央と地方の関係では自治団体の権限強化と財源再分配を重要とした。

そして、地方議会に関するアンケートでは、議員の職位は名誉職で、一定した職を除いては兼職を許可しなければならないと言う意見が多数だった。地方財政に関するアンケートで、住民は地方税・国税の地方税移譲に対して肯定的な答えをみせ、地方財政に対する認知度が非常に低く表れた。

自治団体長に関するアンケートでは、住民は選出方法として住民直選を選好し、長の資質として責任感・地域事情をよく知っている・人柄と徳性を持っている地域人士を選好した。

このような研究結果から、愛郷心はあるが、地域の問題を自ら解決しようとする自治意識が欠如していった1960年代[29]と比べて、政治参与の経験と水準が高くなり、自治制度に対する関心度と価値観の成熟感が見られる。しかし、1970年と比較して、著しく自治意識が成長したとは言えない。第7次地方自治法改正は、当時の住民意識調査結果にも関わらず、国家総選日程と選挙区及び選挙日程に関心が集まり、世論の充分な収斂のないまま政府案の通り通過された。それゆえ、議会構成の部分的実施・自治団体長の任命制など相当な部分が国民の輿望とは違う方向で行われた。しかし、1989年12月の改正ではこのような部門が修正され、結果的には自治法改正で住民の価値観が反映されるようになった。

29 内務部（1968)、『地方自治白書』。

小結

以上の分析において、1960年の軍事クーデター以後、第三・第四・第五共和国の約30年間に渡る地方自治中断期においては、国家安保と工業化及び経済発展が国家政策の最優先課題とされ、これらの課題を効率的・能率的に遂行するために、行政の「民主化」より「能率化」に重点が置かれたことがわかった。この間、地方自治は停止状態にあり、地方行政機関は行政機関の必要に応じ中央政府の統制によって行政を行っていた。

周知のように、韓国のおける地方自治制度の変化要因は、政治権力者の意思により決定された中央政権の地方統治という官治の手段で使われたと言えよう。そのため、人々は地方自治もしくは地方政治には目を向けず、中央政治だけに強い関心をもってきた。

30年以上の空白期を経た地方自治は、中央政治への民主化の波に乗って復活し、1991年に地方議議員選挙が行われた。

30年以上地方選挙が行われなかったにもかかわらず、今回の選挙でも同じように人々の期待を裏切るような政治的要素が存在していた。

今回の選挙での低い投票率は、若い有権者らの回避と無関心と同時に、地方自治体の自体に対する懐疑と不信、そして無関心と認識不足、その上に政治不信と有権者との接触機会が極めて制限されている選挙法による結果であったと言えよう。

第 4 章

統一地方選挙の一考察
－1995 年から 2002 年まで－

はじめに

これまで述べてきたことをまとめてみよう。第一・第二共和国では、「動員選挙」と「中央政治における権力闘争の手段」としての地方自治制度が存在していたのであり、地方の民主化よりは与野党間の政争の具として用いられることが多かった。結果、人々は中央政治への関心は持つことができても、地方政治もしくは地方の民主化には関心を持つことができなかった。同様のことは、1987 年の民主化以後実施された、1991 年の選挙についても言うことができた。地方議会議員選挙という限定された対象に対する、運動を限定した選挙は、人々の関心を集めることはできず、その結果はこの選挙における低投票率として現れた。

それではこのような状況は、1995 年、35 年ぶりに復活し、3 回に渡って実施された地方選挙においてはどのようになったのだろうか。本章の目的はこの点を分析することにある。これまでと同様に、各選挙における投票率と世論調査をデータを中心とし、更には、政党の役割拡大に伴い、各選挙での各政党の得票率も参考にしながら考察することとする。また、人々の地方選挙への関心度を図るための手段として、各地方選挙の前後に行われた中央選挙との投票率格差に注目し、その変容に注目する。

第1節 1995年統一地方選挙の一考察

1 統一地方選挙の背景

1993年に出帆した金泳三政権は、各分野改革の一環としてまず政治改革に着手した。その認識の中核には、政治を改革するためには、まず、政治風土を一大転換しなければならないという意識があった。同様に二大国政選挙と四大地方選挙実施時期を適切に調節することで、選挙による国力の浪費を最小限にする必要もあった。これにより選挙風土の刷新と選挙回数の減少とを大前提にして選挙法改正に着手し、1994年3月16日「公職選挙及び不正選挙防止法」(統合選挙法)を制定・公布した。

以後、基礎自治体長の政党公認・推薦の可否で与野党間の対立と論戦の末、基礎選挙の政党公薦と広域選挙の比例代表制導入を骨子とする第1次改定が1995年3月15日、国会で議決された。

今回実施された四大地方選挙は、総合選挙法付則の規定に基づき、5・16軍事クーデターで地方自体が中止されて以来、35年ぶりに1995年6月27日に同時実施された。このことによって、この国は本格的に地方政治の時代を迎えることとなった。

今回の選挙は、これまで中央政府が任命してきた道知事・市長の民選制が復活して初めての選挙であった。全国9道の知事選挙とソウル特別市・釜山広域市など6大都市の市長選は「広域団体長(首長)選挙」、中小都市の市長・大都市の区庁長および郡守の選挙は「基礎団体長(首長)選挙」、9道と6大都市の議員選革は「広域地方選挙」、それ以外の地方議員選挙は「基礎議員選挙」とされ、これらの四大選挙が同時に行われた。

今度の選挙は選挙史上最大の規模であり、選挙結果がどういう形になっても政局に少なからぬ変化をもたらすことが予想されたため、他の選挙よりも政治的意味合いが濃いものになっていた。政府与党が選挙に勝てば安定政権を維持することかできるが、もし負けるようなことになれば金泳三政権の弱体化につながりかねない、と韓国の各新聞等は報じていた[1]。このような

---

1 代表的に『韓国日報』は1995年6月12日付けの特集で地方選挙の問題点を次のように述べている。

1）制度的側面

まず、今度の選挙は、地方時代の幕開け、地方政治の活性化という観点から「地方行政を地方住民が責任をもって処理する」ことにより、韓国政治は事実上、初めて中央集権主義の旧態を脱することになり、中央集権主義の国民意識にも一大転機をもたらすだろう。一方、地方自治が「明るい未来」だけをもたらすとは限らない。中央政府と地方自治団体間の衝突、地方間の争いにより、行政効率の低下・国力分散現象が引き起こされる可能性も否定できない。さらに、最近の世界的傾向として、新中央主義への回帰が見られる。それぞれの国家が、熾烈な競争で生き残るため、国力を中央に集中しているのが現状であると言われている。そうした国家では、国内的にも通信の発達などにより全国が画一化しており、地方行政の固有領域はほとんどなくなっているという見方もある。

2）政治的側面

政府は「地方選挙は地方の生活を引き受ける働き手を選ぶものだ」と政治的意味合いを否定しようとしたが、マスコミは6・27統一地方選挙が金泳三政府出帆後初めて行われる中間評価的な意味合いを含んでいるとして、1996年4月の15代総選挙（国会議員選挙）、1997年の大統領選挙の動静を左右する「予備選挙」と位置付け、どの政党が勝ったとしても、現在の政界構造がそのまま存続することは厳しいというのが支配的な観測であった。

また、民自党が湖南（全羅南道、全羅北道）、忠清南道を除いた全地域で圧勝する場合、金大中・金鍾泌両氏は、今より政治的地位が低下し、政界の世代交替の流れにつながる反面、民主党・自民連が優勢な結果を得た場合、金大中・金鍾泌両氏の政治的な影響力は一層強化されると見られた。その場合、内閣制改憲問題が政治的争点として浮上する公算が大きく、野党側では金大中氏の政界復帰の可否が具体化し、地域基盤を持たない季基澤（当時民主党総裁）の立場が現在より不利になると見られた。さらに、無所属が躍進すると、政界に小規模会派が生まれて離合集散

マスコミの報道に対して政府は、地方選挙はあくまで地方の生活を引き受ける働き手や専門家を選ぶものだとし、政治的意味合いを否定した[2]。

次に今回選挙で現れた地域主義の形成について考察してみることにする。

2　地域主義形成の一考察

今回の「6・27 全国同時地方選挙」は韓国の歴史上初めての地方自治体の総合選挙であった。この選挙を理解する上での欠かすことができないのは、地域感情による地域主義政党構図である。以下、当時の地域主義政党のあり方について少し説明することとしたい。

この選挙において重要だったのは、自由民主連盟（自民連）の出現である。背景にあったのは、1990 年「民政党」「民主党」「共和党」の 3 党が合党して誕生した「民主自由党」の誕生であった。民主労働党の大統領広報には、旧民主党の指導者、金泳三氏が選ばれ、民主党の金大中候補、更には統一韓国党の鄭周泳候補らを破り、1992 年の大統領選挙にて勝利した。

しかしながら、この結果出現した金泳三政権は、政権半ばに至り、体制建て直しのために新党を作ることとなる。これに伴い党内では、「世代交代論」が台頭した。この議論は事実上、党内の重鎮である金鍾泌党代表の排除を求めるものであり、金代表はそれに反発して、1995 年 1 月 19 日に民自党代表を辞任、2

の様相が現れ、政局が乱れるだけでなく、既存政界に対する不信傾向が広がって「政界の無力化」を招くとの見方もあった。

2 『東亜日報』、1995 年 6 月 28 日付。

月 9 日には民主自由党を脱党し、新党創党を公式に宣言した。金鍾泌は「内閣制への改憲」を掲げて、5 月 25 日に「自由民主連合」という党名で院内交渉団体を登録し、地方選挙に臨むこととなるのである[3]。

この機会を利用する形で、第 14 代大統領選挙落選以後、引退状態にあった金大中も政治的リーダーとして再登場し[4]、「地域等権主義」を提唱した[5]。金泳三政権から捨てられたと感じた忠清圏では地域感情が大きくなり、それに金大中氏の「地域等権論」とかみ合い、金大中と金鍾泌は野圏候補の単一化という名目で共助体制を形成することになった[6]。この地域選挙において金大中の「地域等権論」は、地域感情を刺激した忠清道の「ハッパジ[7]論」とかみ合い、大きな役割を果たすこととなる。

3　6・27 地方選挙

この選挙では、総 15, 418 名が出馬し、広域団体長 15 名、基

3　趙正賢（2000）、『韓国政治と政党体系変動 : 政党の生成・消滅・統合・分裂過程分析』、オルム、28 頁。

4　金大中総裁は地方選挙をきっかけに本格的に政治活動を再開した。特に当時民自党をはじめ過去の与党は特定地域の利益だけを追求し、他地域の発展を阻害させため、今後からは地域的に平等に政治的役割を保障しなければならないという「地域等権論」を主張した。このような論理で地域感情を刺激し、自分の支持基盤である全羅道と首都圏で圧勝を誘導した。金大中総裁の「地域等権論」によりまた地域主義選挙が再現され、結果的に民主党内金大中派閥勢力と金鐘泌派閥政党である自民連が勢力を拡大する結果を与えた。

5　李甲潤（1998）、『韓国の選挙と地域主義』、オルム、162~164 頁。

6　李甲潤、前掲書、162~164 頁。

7　ハッパジとは無学な愚か者を意味する韓国語である。ここでは、疎外された政治家と地域などを意味する。

礎団体長 230 名、広域議会議員 972 名、基礎議会議員 4, 341 名など総 5, 758 名を選出した全国同時地方選挙は韓国の国民にとって大きな「学習」の機会となるはずのものであった。

選挙の一般的状況は次のようなものであった。15 の広域団体長のうち、民自党は 5 ヵ所（釜山、慶南、慶北、仁川、京畿）で勝利した反面、民主党は 4 ヵ所（ソウル、光州、全南、全北）で、自民連も 4 ヵ所（大田、忠南、忠北、江原）で、無所属は 2 ヵ所（大邱、済州）で勝利した。

今回の 6・27 地方選挙では広域団体長、基礎団体長、広域議会議員の当選者数だけでみると、民自・民主・自民連の 3 党は各自の縁故地で排他的地は支配権を確立した「3 党構図」の特徴が現われ、「地域主義」という韓国における選挙戦の固定的パターンがまた甦ることになった[8]。

このような要因として考えられるのが、民自党の 3 党（民正

8　政党別得票率に現われた地域別亀裂指数（年、%）

選挙	地域		
	忠清	湖南	領南
5 代大選（1963）	尹譜善（4.9）		朴正煕（15.7）
6 代大選（1967）	尹譜善（5.6）		朴正煕（19.7）
7 代大選（1971）		金大中（21.0）	朴正煕（28.0）
13 代大選（1987）	金鐘泌（29.6）	金大中（71.0）	盧泰愚（18.6/ 慶北 36.0）
			金泳三（20.4/ 慶南 31.0）
13 代総選（1988）	共和党（29.7）	平民党（57.9）	民正党（11.5/ 慶北 18.3）
			民主党（19.8/ 慶南 26.7）
14 代総選（1992）		民主党（37.7）	民自党（14.1）
14 代大選（1992）		金大中（66.0）	金泳三（37.8）
6.27 地方選(1995)	自民連（44.4）	民主党（33.3）	民自党（19.4）
15 代総選（1996）	自民連（34.1）	国民会議（52.3）	新韓国党（19.3）

注 : 地域別亀裂指数はその地域での得票率から他地域での得票率を引いたものであり、慶北と慶南は領南を割った時の亀裂指数

李甲潤（1998）、『韓国の選挙と地域主義』、オルム、39 頁。

当・民主党・共和党）統合構図の枠が割れたことである。

ソウル特別市の場合、1992年の第14代国会議員選挙で34.7%得票率を得た民自党は今回の地方選挙では20.7%の得票率しか得ることが出来なかった反面、民主党は1988年の第13代国会議員選挙での26.7%と1992年の第14代国会議員選挙での37.2%を上回る42.3%高い得票率を得た。そして、忠清圏でも1992年の国会議員選挙で民自党は40.1%という高い支持率を得たが、今回の地方選挙では21.0%しか支持を得られず、急直下してしまうのである。反面、自民連の場合「ハッパジ論」だけで52.7%という高い支持を得ることに成功した。この支持率は過去に金鍾泌が新民主共和党という党名で行った1988年国会議員選挙時の得票率41.5%超えている。中央選挙管理委員会の世論調査によれば、この時点の[9]大田・忠清の有権者は自民連の支持度は更に上がるものとさえ認識していた。

大邱・慶北地域で民自党は29%を得票したが、これは1992年の国会議員選挙より大幅に落ちている。逆に自民連は1988年国会議員選挙時よりも大幅に増えた25.3%の得票率を獲得した。この背景には、この地域の反金泳三性向を反映したと考えられる。

江原道地域で自民連は66.3%という高い得票率を得たが、これは自民連に支持したというよりは江原道地域内でも領東・領西地域感情とこの地域の有権者にも地域主義が生まれてきた結果といえよう。

金泳三大統領執権中半期で行われた6・27地方選挙で広域団体長の選挙結果が「民自党5-民主党4-自民連4-無所属2」の与小野大政局としてあらわれた。

それでは肝心の投票率についてはどのようになったのであろ

9　中央選挙管理委員会（1995)、『有権者意識調査：第一回全国同時地方選挙』、中央選挙管理委員会、178頁。

うか。結論から言うならば投票率は、1991年に行われた広域地方議会議員選挙よりは少し上がったが、1992年の国会議員選挙よりは低かった。このことは、35年ぶりに復活し、初めて行われた地方選挙であったが、人々の関心度は中央レベルのそれには達しなかったことを意味している。

表4-1 歴代選挙投票率の推移

単位：%

	92年14代総選	91年広域議員	95年統一地方
全国	71.9	58.9	68.3
ソウル	69.2	52.4	65.9
仁川	68.0	53.9	62.0
京畿道	69.6	55.5	63.3
江原道	78.0	68.5	74.8
忠清北道	76.0	65.4	72.7
忠清南道	76.0	69.1	73.8
大田	70.1	59.8	67.0
大邱	66.6	53.0	64.0
慶尚北道	78.4	68.7	76.8
釜山	69.1	57.6	66.3
慶尚南道	77.3	64.8	73.1
全羅北道	74.3	62.4	73.7
光州	70.1	55.6	64.9
全羅南道	75.5	65.3	76.1
済州道	78.6	74.7	80.5

参考：行政自治部　http//www.mogaha.go.kr/korean/
韓国中央選挙管理委員会　http//www.nec.go.kr/　より再作成

図 4-1 歴代選挙の投票率比較（1992 年–1995 年）

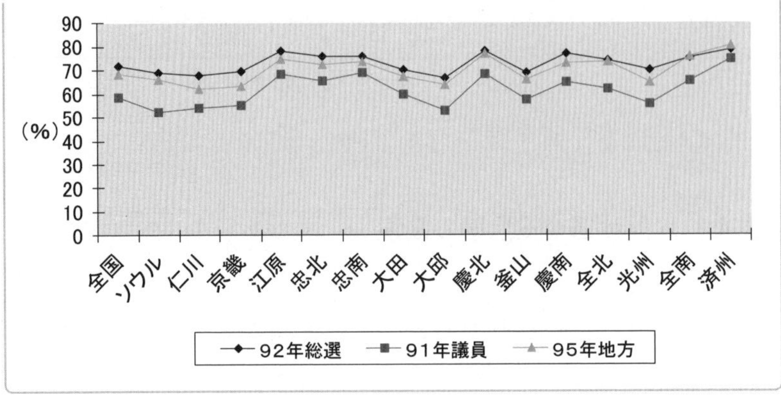

とはいえ、上のグラフからわかるように 1995 年地方選挙は 1992 年の国会議員選挙と比べ極端的に落ちたわけではなく、全国的に同じような間隔の投票率を表せている。水口が嘗て日本本政治分析において使用した枠組みを利用するなら、このことはこの時点での人々の地方政治への関心がある程度安定していることを示していることになる。

それではこの背景にはどのような人々の認識があったのであろうか。

表 4-2 歴代選挙投票率の推移

単位：%

	92 年 14 代総選	95 年統一地方	96 年 15 代総選
全国	71.9	68.3	63.9
ソウル	69.2	65.9	61
仁川	68.0	62.0	60.1

京畿道	69.6	63.3	61.5
江原道	78.0	74.8	69.3
忠清北道	76.0	72.7	68.3
忠清南道	76.0	73.8	68.7
大田	70.1	67.0	63.1
大邱	66.6	64.0	60.9
慶尚北道	78.4	76.8	71.7
釜山	69.1	66.3	60.5
慶尚南道	77.3	73.1	66
全羅北道	74.3	73.7	68.3
光州	70.1	64.9	64.5
全羅南道	75.5	76.1	69.8
済州道	78.6	80.5	77.1

参考 : 行政自治部　http//www.mogaha.go.kr/korean/

韓国中央選挙管理委員会　http//www.nec.go.kr/　より再作成

図 4-2　歴代選挙投票率比較（1992 年-1996 年）

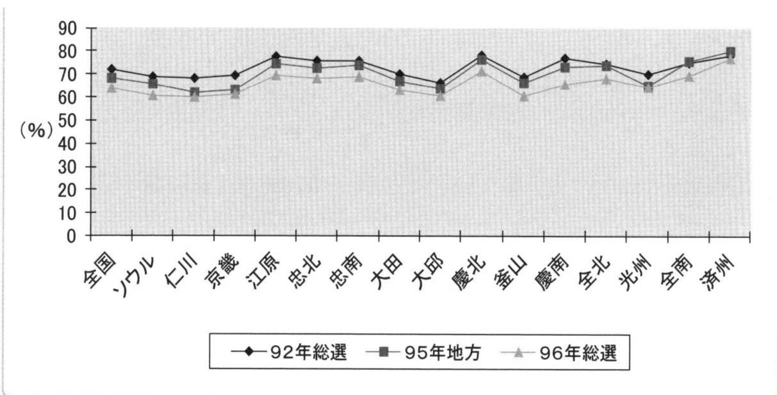

1996年に行われた国会議員選挙に対して、人々の関心度は中央選挙にもかかわらず、前回の地方選挙より少し低かった。

表4-3 広域団体長の投票率と得票率

単位：%

	投票率(%)	当選者	年齢	略歴	党	得票率(%)
ソウル	65.9	趙淳	67	元副総理	民主党	42.4
仁川	62.0	崔箕善	50	元仁川市長	民自党	40.8
京畿道	63.3	李仁済	46	2選議員	民自党	40.6
江原道	74.8	崔珏圭	62	副総理	自民連	65.9
忠清北道	72.2	朱柄徳	59	元忠北知事	自民連	36.4
忠清南道	73.8	沈大平	54	元忠南知事	自民連	67.9
大田	67.0	洪善基	59	元忠南知事	自民連	63.8
大邱	64.0	文熹甲	58	2選議員	無所属	36.8
慶尚北道	76.8	李義根	57	元慶北知事	民自党	37.9
釜山	66.3	文正秀	56	3選議員	民自党	51.4
慶尚南道	73.1	金火赫珪	56	元慶南知事	民自党	63.8
全羅北道	73.7	柳鍾根	51	財団副総長	民主党	67.2
光州	64.9	宋彦鍾	58	元全南知事	民主党	89.7
全羅南道	76.1	許京萬	57	元国会 副会長	民主党	73.6
済州道	80.5	愼久範	53	元済州知事	無所属	40.6

参考：行政自治部　http//www.mogaha.go.kr/korean/
韓国中央選挙管理委員会　http//www.nec.go.kr/　より再作成

この選挙結果について、有権者の66. 9% がよい結果であると評価している。特に今回の選挙では広域団体長選挙に大きな関心を表したという調査結果が出ている[10]。

韓国ギャラップの世論調査によると、「今回の選挙の中で、どの選挙に一番関心がありましたか」という質問に56. 5% が広域団体長、21. 5% は基礎団体長と答えた。それに対して、広域議員と基礎議員選挙は4. 5% と3. 6% という答えが表れた。投票しない棄権者は「もし、投票するなら民主党の候補（36. 1%）にする」という応答が一番多かった。その次に無所属の候補（22. 5%）・民自党の候補（19. 6%）・自民連の候補（5. 8%）の順に表れた。

結局、6・27 選挙の全国投票率は68. 4% で、特に「民自 5–民主 4– 自民連 4– 無所属 2」の与小野大の政局構図に対する満足度では〈表 4–4〉のように地域別に多少の差異を示した。

表 4-4 「民自 5 - 民主 4 - 自民連4 - 無所属 2」政局構図の満足度

順位	1	2	3	4	5	6	7	8	9	10	11	12	13	14	15
市・道	忠南	忠北	ソウル	京畿	全南	全北	大邱	慶北	釜山	大田	仁川	済州	慶南	光州	江原
%	85.3	76.5	70.3	69.4	68.4	61.9	65.4	65.3	64.8	62.0	61.2	60.2	56.9	55.0	48.6

選挙が同時に行われたため、「一連番号式投票」という新たな投票行態が現われた。広域団体長 1 番に投票した場合、候補者を 1–1–1–1 式で投票した有権者が 16. 3%、2–2–2–2 で投票し

10　韓国ギャラップ（1995）、『第 1 回地方選挙投票行態』、韓国ギャラップ、211 頁。

た有権者は 19. 6%、3-3-3-3 と投票した有権者は 9. 8%、全員無所属の候補者に投票した有権者は 6. 0% と現われた。

このように一連番号式投票をした有権者が 51. 7% となったことは出馬候補者がどのような人物だったのかをよく知らない中の状況からもたらした同時選挙の弊害と言える。6・27 選挙結果現われた地域構図は「地域割拠」であり、「地域等権」であった。

一方、有権者の 66. 2% は今回の選挙で現われた地域情緒を「政治指導者たちが地域感情をけしかけた結果として現われた韓国社会の病弊」と指摘した。

しかし、実際に投票する時の行動は少し違う形で現われた。地域情緒に影響を受けたと答えた有権者は 52. 9%、影響を受けてなかったと応答した有権者は 43. 5% と現われ、思考と行動には相当違う様相を見せたのであった。

地域情緒は韓国政治史の副産物であり、有権者たちの心中に定着されており、支持候補の選択に重要な要因となっている。

特に、今回の選挙で指摘できる要因は忠清圏の結集だった。金鍾泌退陣に対するさびしさと自民連の浮上に対する満足感で大田と忠南・北での地域感情表出を当然として受け入れる比率が非常に高かった。

今回の 6・27 選挙では歴代のどの選挙より有権者の中で無党派が多かった。政党支持もアンケートで民自党 14. 4%、民主党 19. 3%、自民連 2. 6%、支持政党ない 63. 7% の結果から見ると、支持度が 20% を上回る政党はなかった。

それでは、自ら無党派と答えた有権者たちはどの候補者に投票したか。民主党の候補者（27. 1%）に投票したケースが一番多かった。無党派の性向を断定することは難しいが、一応反与的な性向層と判断でき、その中で 12. 5% は自民連、25. 5% は無所属に投票した。これに対して民自党に投票した無党派は22. 9% に過ぎなかった。このような結果により、今回の選挙が与小野大になったと分かるのであった。

既存の政党政治秩序から脱皮し、無党派となった理由も与・野党に対する失望からであったと考えられる。

また、今回の選挙期間中、初めて実施した「TV 討論」に対して 84. 9% が「視聴したことがある」と応答、新たな選挙方法として「TV 討論」に対する有権者達の高い関心を反映した。

「TV 討論」に対する関心度は学歴が高いほど上昇した。初等以下は 77. 3%、中卒 82. 3%、高卒 86. 0%、大在以上 84. 9% と調査された。

一方、今回の選挙の公明性に関しては有権者の相当数（60. 5%）が「公明だ」と答えた反面、「公明でない」と答えたのは 18. 2% に過ぎなかった。

今回の選挙過程で著しく現われた問題点としは「地方選挙の同時実施による混乱」（27. 4%）が指摘された。

次には「相互誹謗と人身攻撃」（17. 8%）、「地域感情誘発と葛藤」（6. 4%）、「金品選挙と官権介入」（5. 2%）、「国民の低い関心」（4. 3%）、「候補者資質不足」（3. 9%）、「中央政治代理戦」（2. 7%）、「その他」（32. 3%）の順位で現われた。

したがって、58. 2% が「地方選挙を同時に実施することは正しくない」という見解を見せた反面、「同時に実施することは正しい」という反応は 33. 6% と表れた。

今回の 6・27 地方選挙は、35 年ぶりに首長を選挙で選ぶという統一地方選挙だったが、「3 金」による地域支配を確認する結果に終わったと言えるだろう。

韓国を政党勢力図で色分けして見るとよくわかる。民自党・

金泳三（嶺南・慶尚北道、慶尚南道、釜山市）、民主党・金大中（湖南・全羅北道、全羅南道、光州市）、金鍾泌・自民連（忠清圏・忠清北道、忠清南道、大田市）のように全国がほぼ均等に3分割された。国民レベルでは、これが地域対立感情に結び付いていると思われる。この選挙が「3金の代理選挙」と言われたのは、まさにこの陣取り合戦を指すが、基本的には1989年大統領選挙の地域対立の構図が復活したと言われている[11]。

有力な日刊紙である東亜日報の6月28日付けでは、「韓国の地方自治は、今回の選挙で緒についたばかりだ。今後、各級選挙で候補者や有権者に「脱3金」意識が広がれば、旧態依然の政治勢力地図に変化が生まれるだろう」と論評した。

次の節では、今回の選挙で現われた「地域主義」が次の選挙ではどのように変化していくのかを考察してみる。

第2節　1998年統一地方選挙の一考察

1　6・4地方選挙の環境

地方選挙の本来の意味は「住民自治」を具現するため地方自治の働き手を選出する手続きであると言われている[12]。しかし、民選2期の地方自治体長と地方議会議員を選ぶ1998年統一地方

11　『朝鮮日報』1995年6月28日付。

12　李聖徳（1986）、『韓国地方自治制度の理解』、韓国行政学会報、12頁。

選挙は、必然的に中央政治の対決の場である「政治選挙」にその意味が変質せざるを得ないだろうと言われた。先に行われた大統領選挙で「50年ぶりの与野党政権交替」が民主的に実現し、その政権発足後まもなくの時期に選挙が実施されたためである。したがって、今回の選挙では権力移動過程で発生する新政権と旧政権間の葛藤と力比べが克明に表れるものと考えられていた。また、今回の選挙は、現政権に対する国民の「中間評価」となるとの観測もなされていた。

1998年統一地方選挙に潜在している政治的爆発力は、政界改編との関数関係から始まると言われた。選挙結果によっては、政界の地殻変動がおきる可能性が高いからである。新政府スタート後、2ヶ月足らずの間に台頭した数多くの論争が選挙戦で集約された型で出てくるものと考えられていた。

最大争点は「経済危機責任論」であった。「国際通貨基金(IMF)体制」という未曽有の国家不渡り危機を招いた責任の所在をめぐって、与野党は熾烈な攻防戦を繰り広げた。旧政権の経済運営の責任はもちろん、新政府のIMF克服対策、その中でも失業対策の実効性をめぐって激しい論争が展開された。

政界改編に対する野党の攻勢と与党の防御も、選挙戦を熱くする争点だった。選挙結果によっては、政界改編の方向と規模が決定されるとマスコミは伝えていた。

新政府スタート後、断行した全般的な人事政策に対する評価について、野党は特定地域に対する偏重人事だと主張し、与党は50年間歪曲されてきた人事に対する「正常化」と反論した。また、共同政権に対する評価も争点となった。

1）湖南偏重人事についての論議

金大中政府スタート以後、2ヶ月にわたって進められた各種人事が「6・4統一地方選挙」の争点となった。

野党のハンナラ党が現政府の人事を行き過ぎた「湖南偏重」だと集中攻撃したのに対し、与党の国民会議が「嶺南偏重人事の是正」という論理で対立したためである。ハンナラ党が湖南偏重論を提起する意図は、非湖南出身有権者などの疎外感を刺激し、非湖南票を集める戦略だと言われる。ハンナラ党は、既に大邱、達成など嶺南地域4ヶ所で実施された「4・2国会議員補欠選挙」の際、湖南偏重人事と「嶺南冷遇論」を浮上させ、全地域での勝利に結び付けたと言われていた。ハンナラ党は、今回の地方選挙で「金大中政権湖南偏重人事実態」という白書まで編集した。

ハンナラ党は、白書で「新政府人事の湖南偏重実態は、深刻な段階に至った」と主張し、青瓦台（大統領府）秘書室、長官級主要機関長、10大権力核心要職などの出身地域別統計数値を提示した。そして、「湖南は、全体人口の11.7%、面積は20.6%なのにもかかわらず青瓦台秘書室の33%、長官級の33.4%、傘下団体機関長の58%を湖南出身者が占めている。特に国務総理、監査院長、安全企画部長、法務部長官、国防部長官、行政自治部長官、大統領秘書室長、検察総長、国税庁長、警察庁長など10大核心権力要職の半分を湖南出身が占めたことは史上初のことである」と主張した。

これに対して与党は、歴代「嶺南政権」時から根深くなった湖南疎外と嶺南独占人事を正す過程で出た「誤解」だと反論した。

金大統領も5月10日「国民と対話」で「1級以上の公職者の出身地域グラフを提示し「湖南偏重論」に反論した。新政府の

1級以上の公務員227人中、湖南出身は48人（21%）に対し嶺南出身は71人（31%）と嶺南優勢であり、新政府スタート前には1級以上の公職者中、湖南出身が12.7%（34人）、嶺南出身が41%（110人）であった」と金大統領は説明した。したがって、「新政府の人事は湖南偏重でなく嶺南偏重を是正した結果とみるべきだ」というのが与党の主張であった。

新政府人事をめぐった与野党間の論議は、選挙戦の開始とともに「地域感情」を狙った各候補の利害とも絡みあって、より一層深刻なものとなった。

2）政界改編

今回の統一地方選挙は、政界再編の前哨戦の性質が強いと言われた。選挙結果によって政界改編の風向きを計ることができるからである。

これに伴い与野党は、選挙過程で政界改編をめぐって熾烈な攻防を繰り広げた。

今回の選挙結果に党の命運がかかっていると考えたハンナラ党は、選挙過程で現在、与党が推進している政界改編は「人為的な議員引き抜き」「野党破壊工作」だと主張した。ハンナラ党が政界改編を選挙争点としたのは、今回の地方選挙で敗北した場合、党の結束力が急速に弱体化し、所属議員の追加離党を防止するのが非常に困難になるとの判断によるものと考えられる。

国民議会と自民連の与党は、今回の地方選挙で圧勝すれば選挙後政界改編をスムーズに推進できると判断し、ハンナラ党の攻勢に正面から対応する方針であることが明らかになった。特に、金大中大統領の意志には揺ぎないものがうかがえた。金大統領は5月10日開催された「国民とのTV対話」で「政権を担った5年間で国を今の状態にした現野党が、責任だけを与党にかぶせ、全く手助けしない」と残念さを吐露した。また、現野党の過半数議席は「国民が選んだ多数ではない（野党も与党の時代に政界改編した）」と政界改編の妥当性を力説した。さらに、金大統領は「国民世論は72~73%の高い支持率で政界改編をし、速やかに政局を安定させることを望んでいる」とし、今回の地方選挙の重要性を強調した。

5月15日現在、ハンナラ党の議席は149席で、4人が追加離党すれば過半数議席が崩れる状況にあった。野党議員の与党への入党は、与党の今後の政局運営とハンナラ党の進路などに大きな影響を及ぼすことから、選挙戦が本格化すればするほど、与野党間の政界改編攻防はより一層熾烈になった。

3）為替危機責任に対する攻防

為替危機責任の攻防は、1998年統一地方選挙戦直前の5月初め頃から本格的に持ち上がった。為替責任攻防が、今回の地方選挙の争点として浮かび上がったのは、林昌烈・前経済副総理が国民議会の京畿道知事候補に公認されたことから始まったと言えよう。特に、金泳三前大統領が5月4日、検察書面答弁案で「林候補が副総理就任以前に国際通貨基金（IMF）救済金融を要請することにした事実を知っていた（林候補は知らなかったと主張）」と主張してから、波紋はより一層大きくなった。

林候補の責任問題をめぐって、為替危機責任攻防が熾烈な与野党攻防の核として登場したのは、地方選挙の最大のポイントである首都圏正面対決の結果に直結するからだと言われていた。また、為替危機の責任が全くないとは言えないハンナラ党が、逆に為替責任攻防に固執した理由は、京畿道知事選を念頭に置いてのことであるとされた。

ハンナラ党としては、ソウル・仁川・京畿道の首都圏地域で広域団体長のうち1人でも当選させるべきだという切迫感に包まれており、仮に今回の地方選挙で「首都圏潰滅」という結果が出た場合、「嶺南党」に転落するしかないし、この場合、選挙直後に首都圏地域のハンナラ党議員の離党現象がより一層加速化することは、火を見るよりに明らかな状況にあるとの見方が強かった。ハンナラ党が、林候補だけでなく為替危機の当時、国務総理だった国民会議の高建ソウル市長候補についても為替責任論を提起したのは、京畿地域から「為替危機責任の風」を起こし、これをソウルまで拡大させる戦略であった。特に、国民会議は共同与党の自民連との地域割の競争調整の結果、京畿知事候補公認権を取っただけに為替責任攻防では一歩も退くことができない状況にあった。

国民会議の側は、為替危機の根本的な責任は金泳三政府と当時の与党だったハンナラ党にあるという「為替危機主犯論」でハンナラ党の攻勢に対抗した。金大中大統領の「金前大統領だけは過去の前職大統領の轍を踏まない」という言及にもかかわらず「検察書面答弁書は完全な操作虚偽であり、検察の再調査を受けなければならない」と押し通したのも、林候補を為替危機責任問題から保護するためだと言われた。

為替危機責任論は、今回の選挙の最大争点となった。

4）失業対策

失業対策も、今回の地方選挙における争点の一つであった。特に、労働界が5月末または6月初にゼネスト突入を予告したこともあり、選挙期間中の大きな争点となった。

3月末現在、労働部が集計した失業者は137万8千人（失業率6.5%）に達していた。政府の今年の予想値である130万人を越える状態にあった。このため政府は、150万人に上方修正したが、これもはるかに超えると推定できる状況にあった。ハンナラ党は「失業対策の基礎資料である失業展望は昨年末には85万人、1月には100万人を超え、2月には109万5千人、3月には130万~150万人と、毎月変わるのでは、失業対策がまともに作れるはずがない」と主張した。政府・与党は、これに対して「経済事情は、刻々変わっており、修正は避けられないことだ」と釈明した。

失業対策推進実績も論議となった。ハンナラ党は「4月末現在1兆6千余億ウォンの予算が配分された雇用維持分野は9.1%、1兆9,000余億ウォンの雇用創出は7.1%、3兆5,000億ウォン程の失業生活保護は4.7%しか執行されていないとし、失業者の数は急増しているのに政府の対策は後手にまわっている」と非難した。この問題について、国民会議と自民連は「ハンナラ党が国会で足手まといになったから推進が遅れたのであって、近い将来、必ず効果が現れる」と反論した。「6月末になれば雇用維持は43.6%、雇用創出は59.9%、失業者生活保護は24.8%になり正常値に回復する」という主張であった。

しかし、失業対策財源調達部分については与野党の主張に大きな差異はなかった。雇用安定基金確保のための非実名長期債券の販売実績が5月13日現在、目標額1兆6,000億ウォンの7%にとどまっており、代案作りが急務だという程度であった。

けっきょく、実効性のある解決策は与野党とも出すことができなかった。ハンナラ党は「財政赤字幅を拡大し失業基金を追加し、小切手の実名確認義務をなくし債権買入需要を高めなければならない」としたが、これを具体的する計画には言及しなかった。国民会議・自民連も「失業国債発行、韓国銀行の利益剰余金、公企業売却などを通じ財源を確保する」としていたが、具体的な計画の検討には至っていなかった。

労使紛争に対処する与野党の理論も「地方選挙前まで我慢してほしい」という水準にとどまっていると言われた。

5）共同政権に対する政策評価

今回の選挙における争点の中で「DJP（金大中・金鍾泌）共同政権」に対する評価は、与野党の差が最も克明に表れた争点であったと言える。

共同政権に対するハンナラ党の批判論理は、「理念と路線が違う政党の野合により、共同政権を誕生させたことが数多くの政策と人事での混乱をもたらしている」というものであり、「深刻化している経済危機の重要な原因の一つは、かみあわない共同政権の二人三脚体制のためだ」と批判した。

ハンナラ党はまた、DJP 連合が法的にも違法性を帯びているという見解を取っていた。したがって、DJP 連合が「公職（総理職）の提供を約束、候補辞退を誘導したのは、選挙法上の買収及び利害誘導罪に該当する」との理由で 4 月 17 日、最高検察庁に告発していた。

このようなハンナラ党の批判攻勢に対して与党は、共同政権の「国民との約束」という論理で対抗した。金大中大統領は、5 月 10 日「国民との対話」で、この論理を全面に出して共同政権の正当性を直接主張した。さらに、与党は、投票を通じ既に決着した政治行為に対して大統領まで検察に告発する野党の戦術は「マッカ派式（前後のみさかいのない乱暴な）行動」だと反論した。

このような攻防は、選挙戦に入って国民会議と自民連間の広域団体候補公認をめぐる葛藤と絡み合って一層激しいものとなった。ハンナラ党は論評を通じ、公認をめぐって自民連で一時的に起こった国民会議に対する批判を連日「側面支援」しながら、共同政権の弱点を浮上させることに総力を傾けた。

共同政権に対する与野党間の攻防は、総理任命同意案処理問題などをめぐって選挙以後も争点になるものと見られる。

2 選挙の背景と住民意識の一考察

6・27 地方選挙以後、1996 年 4 月 11 日第 15 代国会議員選挙と 1997 年 12 月 18 日第 15 代大統領選挙が行われた。

いわば、DJP の共助体制連帯で 50 年ぶりに与・野の政権が 15 代大選で交替したのである。

過去、金泳三の政府時代任期末から IMF 体制による構造調整の経済寒波で、150 万名を越える大量の失業者発生・大企業と金融機関の構造調整の支持不振による証券市場の墜落・ウォン価値の下落・公共部門の改革不振・政治権の混乱などで、国民は地方選挙に大きな関心を持つことができなかった。

なぜならば、15 代大選が行われたわずか 5 ヶ月後の選挙であり、特に政治的争点もなかったため、有権者の関心を呼ぶイシューもなかった。その上に、IMF 経済危機は政治に対する根深い不信感まで作用したからでもあった。

その結果、今回 6・4 地方選挙は歴代選挙史上最低の 52. 7% の投票率を現した。以前 6・27 選挙の時の投票率 68. 4% より 15. 7% 落ち、1996 年 4・11 総選時の 63. 9% よりも 11. 2% 低調した。

表 4-5 地域別の投票率

単位：名（%）

地域	有権者の数	投票者の数	投票率	投票率	大統領選挙	総選挙
			1998 年	1995年度	1997年度	1996年度
全国	32,537,815	17,155,577	52.7	68.4	80.7	63.9
ソウル	7.377.751	3.477.105	47	66	80.5	61
釜山	2,699,499	1,259,477	46.7	66.3	78.9	60.5
大邱	1,716,312	803,363	46.8	64.1	78.9	60.9
仁川	1,659,977	716,923	43.2	62	80	60.1
光州	877,868	395,629	45.1	64.9	89.9	64.5
大田	888,968	395,124	44.4	67	78.6	63.1
蔚山	659,965	380,019	57.6	広域市ではない	81.1	63
京畿	5,800,425	2,900,202	50	68.2	80.6	61.5
江原	1,087,113	698,705	64.3	74.8	78.5	69.3
忠北	1,025,022	624,298	60.9	72.8	79.3	68.3
忠南	1,343,633	799,314	59.5	73.8	77	68.7
全北	1,400,419	809,167	57.8	73.7	85.5	68.3
全南	1,527,489	1,042,005	68.2	76.2	87.3	69.8
慶北	1,999,195	1,297,091	64.9	76.8	79.2	71.7
慶南	2,109,058	1,288,171	61.1	73.4	80.3	66
済州	361,121	268,984	73.7	80.4	77.1	71.1

参考：行政自治部　http//www.mogahago.kr/korean/1ndexhtlnl

韓国中央選挙管理委員会　http//www.nec.go.kr/ より再作成

これは過去1960年12月29日市長・道知事選挙投票率38.8%以後、史上最低の記録で、過去3年に渡って地方自治の純機能より逆機能に失望して期待心理を失った結果であったと言えよう。

図4-3 歴代選挙投票率比較（1995年-1998年）

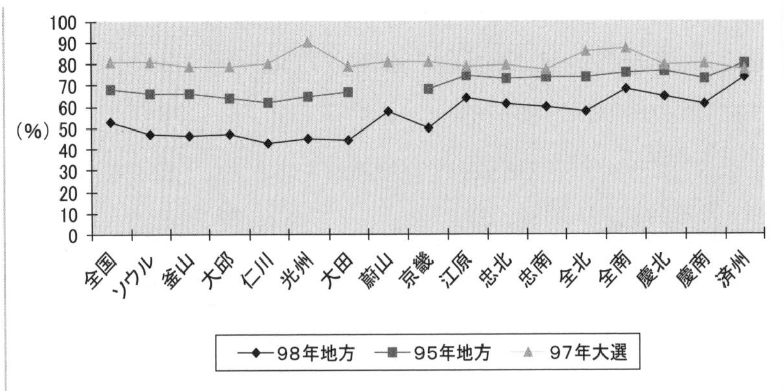

金大中政府の就任100日時点で実施した今回の6・4地方選挙で、広域団体長16名（1回の時15名で、1997年7月15日蔚山広域市に昇格）、基礎団体長232名、広域議員690名（比例代表74名を含む）、基礎議員3,490名が新しく選出された。その特徴をみると次の通りである。

まず、今回の選挙は黒色宣伝と人身攻撃で有権者から外面された。歴代の選挙と比べて官権と金品撒布は大きく減少したが、行補間・政党間の政策対立は相手候補者の私生活や過去の行跡などを選挙イシューとして利用する姿勢をみせ、現役団体長候補にプレミアムが作用された。

その例で、基礎団体長232名の当選者中、現職団体長から

195名が出馬して148名（75.9%）が当選となった。そして、誰が出馬したかさえ分からずに行われた選挙であった。

広域団体長候補を除いた候補者が「TV討論」や「政権発表」の機会を持つことはできなかった。そこで、道を歩き回って「一票」を訴えたが住民の反応は冷たかった。候補者が有権者に自身を知らせる選挙方法が不十分だったのである。

一方、6・4地方選挙で「地域分割構図」が最も深化された。有権者の投票行態が慢性的な「地域主義」に大きく影響を受けている点をもう一度証明したのである。

政党によっては支持基盤が弱い特定地域では候補者を立たせることさえできなかった場合が多く、もし立候補をした場合も地域基盤が頑固な政党の候補と政党に縁故がある無所属の候補と比べて得票率が低調した場合が多かった。

その例で、全南と全北の広域団体長の場合、単独出馬したのである。そして複数出馬した場合でも当選者の得票率は70%内外で差が激しく現われた。

特に江原道の場合、過去1回地方選挙時の自民連の崔珏圭候補から今回はハンナラ党の金振先候補が当選されたことからみると、与東野西から与西野東に交替したと言える。

地域主義に加えて少地域主義が著しく現われ、江原道の場合、江陵・春川・原州を中心で少地域主義の選挙様相をみせた。京畿道の場合、南側と北側の支持性向が違う様相を現われた。

これと共に16の市・都が「一党支配体制」に入った。特定政党が広域団体長・基礎団体長・市・道議会の過半数以上を占めた。

国民会議はソウル・京畿・光州・全南・全北・済州など6の地域で市・道知事・基礎団体長と広域議会議席の過半数以上を

占め、立法権と執行権を完全に掌握した。

自民連は大田・忠南・忠北で広域団体長と基礎団体長・広域議会議員大多数を当選させ一党支配体制を構築した。

同様にハンナラ党も江原と嶺南の5の市・都の団体長と広域議会議員の過半数をほとんど独占した。

このような結果は政党別地域分割をもたらした。その上、執行部と地方議会間の「牽制と均衡」にあたって、公益に従う決定が統制なしに行われて「草の根民主主義」理念を脅かすこともできよう。

すなわち、団体長が提出した予算案の審議・議決及び行政に対する牽制・監視機能をきちんと遂行できない。または団体長と議会が談合して地域住民を排除し、私益を取る可能性も排除できないのである。

このような現象は過去の民選1期自治団体長期間でも数多くあった。広域自治団体の総負債が94年末15兆4, 728億ウォンから97年末には16個市・都の負債総額が23兆1, 357億ウォンに、わずか3年の間で49. 5% 増加したことだけみれば分かれる。これは次の選挙で現職団体長に不利な要素として作用する種として提供された。

最後に、「浮動層の比率」が歴代選挙史上で最高点だったのである。与・野各政党と世論調査機関の把握によると浮動層が全国で35~40% に至っていった。このうち20~30代浮動層の比率が高かった。

選挙初盤から与・野間に大きな争点がなかったため、他の選挙時より浮動層の比率が高い、投票日が迫ってきても浮動層の減少が緩やかに現われたのは浮動票が棄権票に移ったためであると推定できよう。

このように一部の地域では、地域主義の変動を経験するようになる。次の節では、またこのような地域主義がどのように変化していくのかを考察してみることとする。

第3節　2002年統一地方選挙の一考察

1　6・13地方選挙の背景

今回の地方選挙は、過去10年間の地方自治の経験と教訓を土台に、新しい時代にあった地方自治を担うリーダーを選出しなければならず、民主主義をもう1段階成熟させる契機とするという意味では、重要な意味をもつものである。

しかし、今回の統一地方選挙は、第16代大統領選挙（12月実施）を目前に控えた時期に実施されたことや大統領をめぐる様々なスキャンダルの発生で、マスコミ報道は、民主党内の大統領候補者選出の様子、大統領の息子の疑惑事件、ハンナラ党の内紛が大部分であった。また、一般国民も目前に迫る地方選挙よりは年末の大統領選挙に関心を寄せていた。さらに、ワールドカップサッカー大会期間中に実施されたことで、地方選挙に対する韓国社会の関心は盛り上がることがなかった。

1) 政治改革の実験台

今回の統一地方選挙では、それまでの地方選挙とは違い、各政党の広域自治団体長候補は、該当地域党員が直接選出するという方式（ボトムアップ方式）を導入している（大統領候補も国民選挙人団[13]による国民参加選挙制を導入している）。

また、地域中心の政策選挙とするために、「地方自治改革連帯」や「環境運動連合」等といった市民団体が今回の選挙に候補を立てたり、韓国労総が労働者政治委員会を発足させたりした。

選挙運動方式も変化の兆しを見せた。従来からの方式に加え、インターネットを通じた選挙戦が一般化され、さらに、選挙制度の改正もなされた。今回の選挙制度の改正は、地方選挙に関連したものではあるが、国会議員選挙にも類似した改革措置が適用されることが充分考えられる。

このような意味から、今回の統一地方選挙は政治改革の実験という重要な性格も持っている。

2) 大統領選挙の前哨戦としての性格

今回の地方選挙は、12 月に行われる第 16 代大統領選挙の前哨戦としての意味を持つといわれた。実際、韓国の地方自治は中央政治にかなり左右されるものであり、地方選挙が政党間の対決様相を示していることは事実である。

しかしながら、選挙日直前でも地方選挙に対する関心がきわめて低かった反面、与野党内で繰り広げられる大統領候補の選出と党内抗争により多くの関心が集まっていた。民主党が全国

13　候補者選出にあたり、既存の党員ではない人が党の公募に参加し、抽選で選ばれた人たちを「国民選挙人団」という。
今回の選挙では、代議員、一般党員及び国民選挙人団の三者が、2:3:5 の割合で選挙人団を構成し、各党の候補者を選出した。

を巡回して大統領候補の選出を実施している時期に、与野党の各自治団体長候補の選出が実施されたが、これに対する関心は大きくなかった。

2 6・13 地方選挙における住民意識の一考察

1）投票率結果

今回の選挙の投票率は、前回の統一地方選挙の投票率（52. 7%）より 3. 8% ポイント低い 48. 9% であった（全有権者数 34, 744, 232 人）。全国規模の選挙で投票率が 50% 未満に落ちたのは今回が初めてである。

地域別では、前回と同様、済州道（68. 9%）が最も高く、仁川広域市が初めて 40% 台を割り込む 39. 3% と最も低かった。概して大都市で投票率が低く、地方で高いことも、前回と同様であった。また、すべての市・道で前回の投票率を下回った。

図 4-4 最近の選挙の投票率

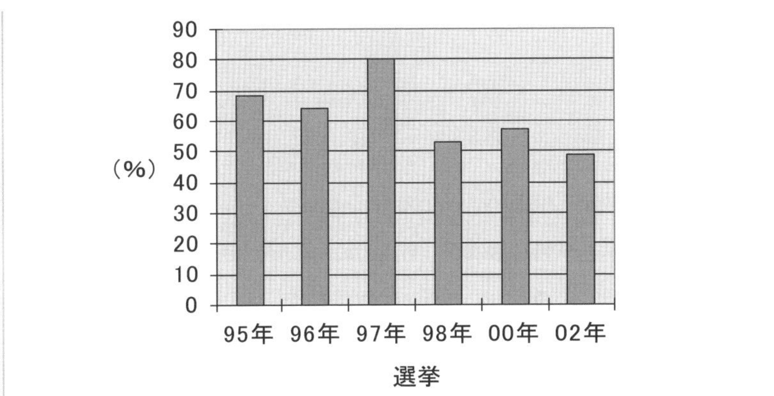

参考：韓国中央選挙管理委員会　http//www.nec.go.kr/ より再作成

表 4-6 歴代統一地方選挙投票率比較

単位：%

区分	2002 年地方選挙	1998 年地方選挙	1995 年地方選挙
計	48.9	52.6	68.3
ソウル特別市	45.8	46.9	65.9
釜山広域市	44.6	46.7	66.3
大邱広域市	41.4	46.7	64.0
仁川広域市	39.3	43.3	62.0
光州広域市	42.3	45.1	64.9
大田広域市	42.3	44.4	67.0
蔚山広域市	52.3	57.6	*
京畿道	44.6	49.9	63.3
江原道	59.3	64.3	74.8
忠清北道	55.8	61.0	72.2
忠清南道	56.2	59.5	73.8
全羅北道	55.0	57.6	73.7
全羅南道	65.6	68.2	76.1
慶尚北道	60.4	64.9	76.8
慶尚南道	56.5	61.1	73.1
済州道	68.9	73.2	80.5

資料 : 行政自治部　http//www.mogaha.go.kr/

韓国中央選挙管理委員会　http//www.nec.go.kr/　より再作成

* 蔚山広域市は、1997 年に広域市に昇格した。

図 4-5 歴代地方選挙投票率の比較（1995 年-2002 年）

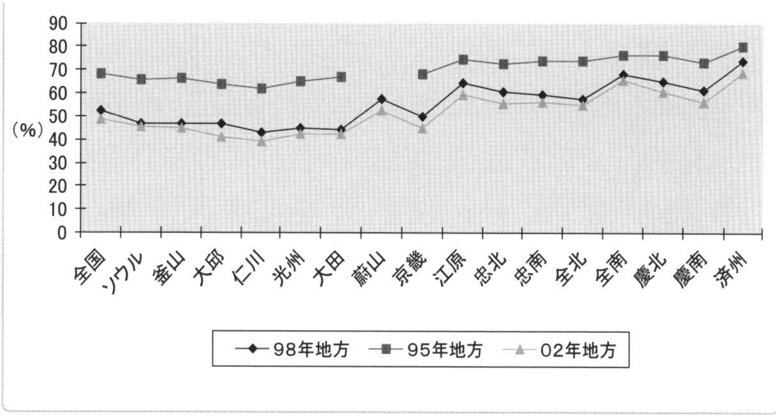

ここで、中央選挙とどのぐらいの投票率の差があるのが今回地方選挙後に 2002 年 12 月 19 日行われた大統領選挙での投票率を考察し、地方選挙への人々の関心度を見て行きたい。

表 4-7 歴代大統領選挙と 6.13 地方選挙投票率比較

単位：%

区分	第 15 代大選	2002 年地方選挙	第 16 代大選
計	80.6	48.9	70.8
ソウル特別市	80.5	45.8	71.4
釜山広域市	78.9	44.6	71.2
大邱広域市	78.9	41.4	71.1
仁川広域市	80.0	39.3	67.8
光州広域市	89.9	42.3	78.1
大田広域市	78.6	42.3	67.6
蔚山広域市	81.1	52.3	70.0

京畿道	80.6	44.6	69.6
江原道	78.3	59.3	68.4
忠清北道	79.3	55.8	68.0
忠清南道	77.0	56.2	66.0
全羅北道	85.5	55.0	74.6
全羅南道	87.3	65.6	76.4
慶尚北道	79.2	60.4	71.6
慶尚南道	80.3	56.5	72.4
済州道	77.1	68.9	68.6

資料 : 行政自治部　http//www.mogaha.go.kr/

韓国中央選挙管理委員会　http//www.nec.go.kr/　より再作成

* 蔚山広域市は、1997 年に広域市に昇格した。

図 4-6 歴代大統領選挙と 6.13 地方選挙投票率比較

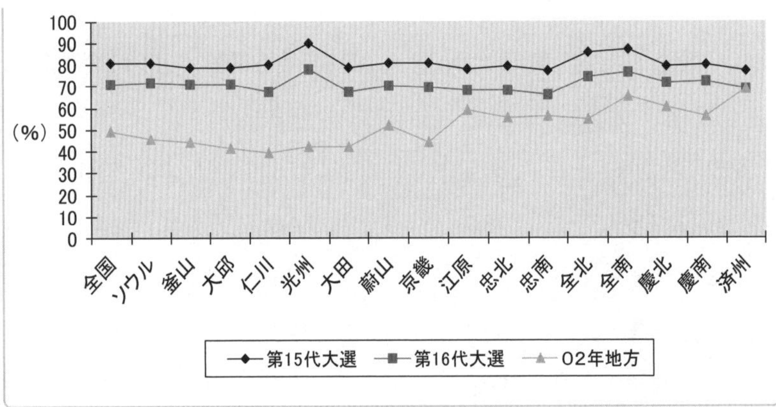

2）投票率分析

今回の投票率低下の原因は、まず、90年代後半以後目立ち始めた政治不信と無関心の深刻化であり、特に20~30代の若い有権者層の投票率が低かった。また、地方選挙の場合、中央政治と距離を置き、地方自治をテーマとして選挙戦が行われるのが本来であるにもかかわらず、大統領選の予備選のようになり選挙が誹謗、暴露合戦に終始したのみならず、大統領の息子たちのスキャンダルも選挙の主な争点として登場するなど、ネガティブ選挙戦略が主流であったことが政治不信を招いた。インターネットで候補者等の前科、兵役、納税、財産記録などが公開され、候補の問題点が明らかになったことも、有権者の選挙に対する関心を失わせたようだ。

さらに、ワールドカップ大会期間中で全国的に選挙の雰囲気が盛り上がらなかったことも、大きな要因であると言われている。中央選挙管理委員会では「投票してからサッカーを見ましょう」とのキャッチフレーズを掲げて国民に投票を呼びかけたが、サッカー熱気に負けてしまった。

2002年6月17日の中央日報をみると、投票しない理由として次のような回答をえている。

・支持する候補がいない：10. 4%
・投票しても変わらない：17. 6%
・誰が誰かわからない　：18. 7%
・政治に関心がない　　：19. 1%
・個人的な時間・理由　：33. 8%

前述したように、第3回統一地方選挙は、終始盛り上がりに欠ける中で韓国選挙史上最低の投票率を記録した。選挙結果は、

「ハンナラ党圧勝」「民主党惨敗」「自民連危機」であった。

このような結果をもたらした要因は選挙後実施された世論調査結果が如実に示している。すなわち、選挙民は、今回の選挙でも従来通り、人物より政党中心に投票意思を決定したが、これまで民主党が強かった首都圏地域で、ハンナラ党が今回の選挙の意味を「不正政権審判」と位置付け、これを争点とした選挙戦略が成功したからであった。

また、今回の選挙では、広域自治団体議会議員選挙比例区で政党投票制が導入されたことで、政党への支持がより明確になったといえる。基礎自治団体で無所属議員に投じられた票は、広域議会比例区では、民主党には回らず、ハンナラ党や小政党にまわった。そして小政党に政界進出の途を開いた。

これとともに、全般的に選挙に対する関心度が低く、史上最低の投票率を記録したという事実も見逃してはいけないだろう。ワールドカップ杯と政治不信、地方自治に対する無関心などが複合的に作用した結果と見られるが、低い投票率は地方自治の危機とも言える。

小結

以上、35年ぶりに復活した統一地方選挙を考察してみたが、それにより明らかになったことは次の点である。第一は、投票率の低下が一定のところで下げ止まっていることである。特に2002年の選挙が、1998年の選挙と大きな差を見せなかったことは、この国の地方政治への関心が一定のところで安定していることを示している。

第二にそれにも拘らず、考慮すべき点もあった。それは、新しく登場した「地域主義」である。復活した地方自治も第一共和国期のように本来の地方政治における民主主義の充実、という当初に期待された目的を離れて、ある特定地域を基盤にする勢力によって、中央権力に挑戦する目的にすぎないものになっていた。その意味では、韓国における相対的な地方選挙への高い「関心」は、地方政治そのものに対してというよりは、中央政治、特に大統領選挙の前哨戦としての関心の表れであるということができるのかもしれない。

しかし、今、「地域感情」の時代も終わりつつある。最後に、今後を展望するためにも、「地域感情」が急速に低下した、大田広域市の選挙に着目し、その変化について分析してみることとしたい。

第 5 章

大田広域市長選挙の一考察

はじめに

現在、韓国における「地域主義」現象は、政治・経済・社会・文化的な次元で総体的な病弊として残っている。地域主義は、多民族で構成された国家よりもむしろ単一民族で構成された国家でより深刻な現象で、韓国では過去数十年間継続してきた。特に、選挙の時には最も「地域主義」が浮上し、韓国の政治・経済・社会・文化など、すべての面で地域間・階層間の葛藤を招き、韓国政治の後進性を脱皮することはできなかった。

その結果、韓国の選挙では出身地域の変数が多数の選挙過程でも重要な変数として著しく表れる[1]。ある選挙研究によると、投票決定は「地域主義」の影響力が強く、教育程度や年齢による効果は無力であるとされる[2]。また他の研究でも、地域主義と地域感情とは直接関連がない候補者や政党の選択でも、職業や学歴などどのような要素よりも投票者の地縁が決定的な影響を及ぼしていったとされ[3]、候補者の出身地域・縁故が投票行為に一番重要な変数であることが指摘されている。

このような韓国の政治文化において、大田広域市の事例は重要な示唆を投げかけている。前章でも指摘したように、大田は1995年の最初の地方選挙における台風の目となった、自民連の本拠地であり、強い地域主義的性向を持った地域であった。しかしながら、このような大田の状況は、金鍾泌の政治的影響力の低下に伴い急速に変化し、特に1997年大統領選挙後には、慶尚道政党と、全羅道政党の草刈場となることとなる。「地域主義」

---

1 蘇淳昌（1999)、『韓国地方選挙での地域主義と政党投票』。

2 尹天柱（1981)、『韓国の選挙実態』。

3 孫禎睦（1992)、『韓国地方制度・自治史研究（下）』。

の後退により、大田では何が起こったのだろうか。そして大田の経験は、今後の韓国の行く末にいかなる示唆をなげかけているのだろうか。

本章ではこのような観点から考察を行うこととする。

第1節　第1回大田広域市長選挙分析

1　一般情勢

1995 年の大田の選挙において重要な役割を果たしたのが、いわゆる「ハッパジ[4]論」であることはよく知られている。自民連系の候補者たちは、この「風」に乗って、政策開発・人物対決よりも、「忠清道の自尊心」を強調し、地域感情を刺激した。

選挙には、大田広域市長候補で民主自由党の廉弘喆候補、民主党の邊平燮候補、自由民主連合の洪善基候補、無所属の李大衡候補 4 名が出馬した。有力候補者は、民自党と自民連の各候補者であり、お互いは勝利に自信を見せ、党の総力を挙げた選挙が行われた。

実際の有権者の投票形態をみると、性別では、廉弘喆候補は男性より女性の支持度が高い反面、洪善基候補は女性より男性の支持度が高かった。選挙戦終盤の 6 月 20 日頃から廉弘喆候補

4　ハッパジとは無学な愚か者を意味する韓国語である。疎外された政治家と地域などを意味する。

に対する支持が30代年齢層で急激に減少した反面、洪善基候補に対する支持は急激に上昇し、その傾向は選挙終盤まで継続した。60代年齢層でも民自党の廉弘喆候補と民主党の邊平燮候補の支持は減少したが、自民連の洪善基候補に対する支持は大幅に上昇した。年齢別では廉弘喆が20~30代に比べて60代以上で多少高い支持を得たが、洪善基候補は地域感情の拡大の影響ですべての年齢層で50%以上の絶対的な支持性向を見せた。そして教育水準別では、廉弘喆が初等学校卒以下、洪善基候補は高卒で、支持が高く表れた。職業別では、廉弘喆候補は事務職、洪善基候補は自営業層の支持が高かった。一方、支持政党別でみると、民自党を支持した階層の中で34. 2%が、結果的に自民連候補者に投票した。これらはやはり、地域感情の波紋であったと言えよう。

表5-1　6・27大田広域市長選挙予想集計表

単位：%

質問内容：あなたは今日誰に投票しましたか？

内容	廉弘喆	邊平燮	洪善基	李大衡	計
○ 全体	31.1	8.4	58.6	1.9	100.0
○ 性別					
男性	28.6	6.8	62.8	1.8	100.0
女性	33.9	10.3	53.8	2.0	100.0
○ 年齢別					
20代	34.7	7.3	56.5	1.6	100.0
30代	26.5	11.4	58.3	3.8	100.0
40代	29.5	8.0	61.4	1.1	100.0
50代	29.2	6.2	62.5	2.1	100.0
60代以上	39.6	7.5	52.8	0	100.0

○ 教育水準別					
初等以下	37.3	4.5	56.5	1.6	100.0
中　卒	30.5	17.6	48.0	3.9	100.0
高　卒	25.6	6.9	66.9	6	100.0
大学在学以上	32.6	8.8	56.1	2.5	100.0
○ 職業別					
農 / 林 / 漁業	14.3	12.3	64.5	8.8	100.0
自営業	19.4	3.3	75.5	1.7	100.0
労働者	27.3	5.3	62.1	5.3	100.0
事務職	36.6	6.0	58.8	6	100.0
専業主婦	32.8	12.8	52.0	2.4	100.0
学　生	36.4	9.1	54.5	0	100.0
無職 / その他	36.1	10.7	53.2	0	100.0
○ 支持政党別					
民自党	64.6	1.3	34.2	0	100.0
民主党	19.1	30.1	45.2	5.6	100.0
自民連	6.6	3.3	90.1	0	100.0
無所属	36.5	0	50.5	13.0	100.0
なし	37.3	6.5	54.5	1.6	100.0
知らない / 無応答	23.6	23.2	53.1	0	100.0

出所 : 韓国ギャラップ（1996)、『第 1 回地方選挙投票行態』

さらに、無応答と支持候補者がないとした階層も、結局は自民連の洪善基候補に 50% 以上の支持を見せている。地域感情がどれ程深かったかを垣間見ることができる。

図 5-1　6・27 大田広域市長選挙 30 代の支持度変化推移グラフ

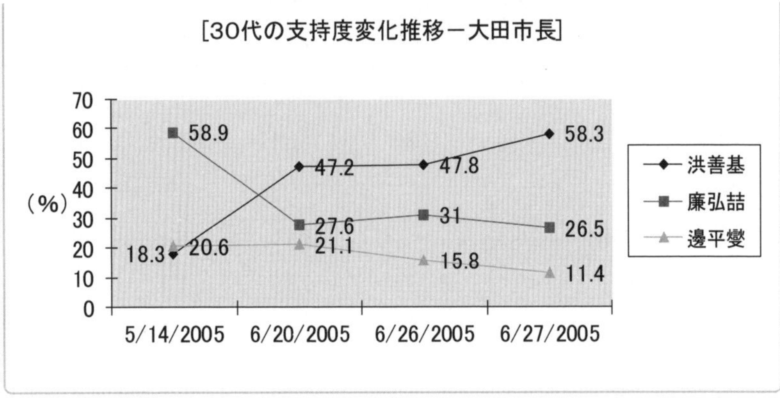

出所：韓国ギャラップ（1996)、『第 1 回地方選挙投票行態』

図 5-2　6.27 大田広域市長選挙 60 代以上支持度変化推移グラフ

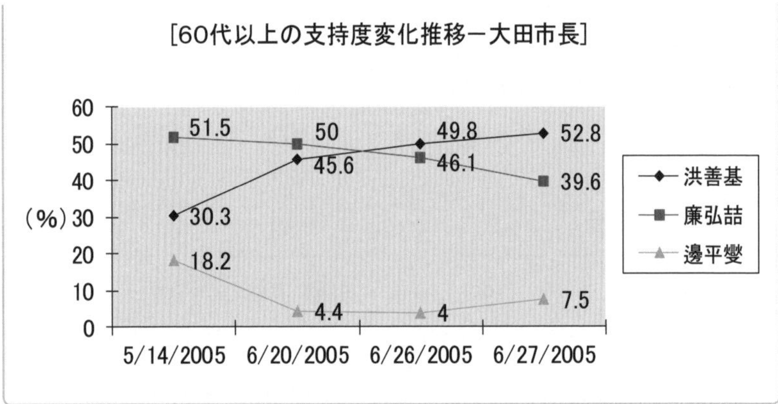

出所：韓国ギャラップ（1996)、『第 1 回地方選挙投票行態』

図 5-3　6・27 大田広域市長選挙支持度変化推移グラフ

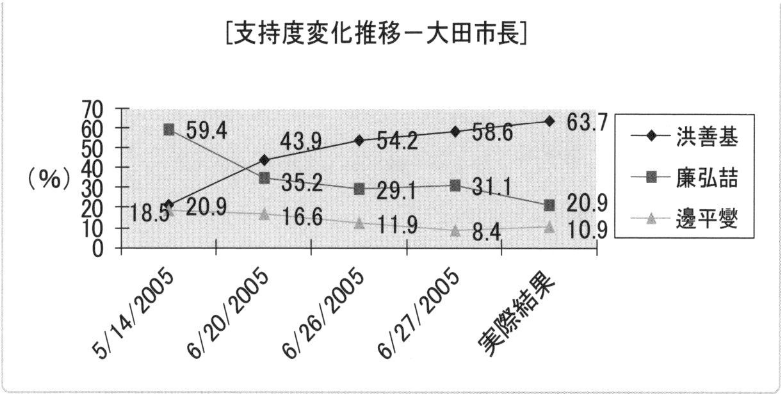

出所：韓国ギャラップ（1996）、『第 1 回地方選挙投票行態』

2　投票率及び得票率分析

第 1 回大田広域市長選挙で廉弘喆候補は、〈表 5–2〉のように平均得票率が 20. 9% だった。

その中で、儒城区での得票率は平均得票率より高い 25. 2% を示した。

一方、邊平燮候補の平均得票率は 10. 8% で東区（乙）、儒城区、大徳区での平均得票率より多少高かった。

洪善基候補の平均得票率は 63. 8% で、西区で多少高い 65. 5% を表した。儒城区では平均得票率より低調した得票率 56. 4% を占めるが、全体的には 60% 以上の得票率を示した。

表 5-2 6・27 大田広域市長選挙自治区別投票率及び候補者得票率

選挙区別		選挙者数（不在者）	投票数（不在者）得票率	候補者別得票数（得票率）				無効投票数	棄権者数
				民自党 廉弘喆	民主党 邊平燮	自民連 洪善基	無所属 李大衡		
合計		819,604 (20,955)	548,529 (19,864) 66.9%	112,607 20.9%	58,346 10.8%	342,959 63.8%	23,953 4.5%	10,664	271,075
東区	計	185,210 (4,729)	122,346 (4,503) 66.1%	25,255 21.2%	12,715 10.7%	75,862 63.6%	5,418 4.5%	3,096	62,864
東区	甲	105,490 (2,562)	70,615 (2,424) 66.9%	14,599 21.3%	6,884 10.0%	43,891 64.0%	3,210 4.7%	2.031	35,875
東区	乙	79,720 (2,167)	51,731 (2,079) 64.9%	10,656 21.0%	5,831 11.5%	31,971 63.1%	2,208 4.4%	1,065	27,989
中区		182,315 (4,978)	120,949 (4,725) 66.3%	24,240 20.4%	11,940 10.1%	77,783 65.6%	4,684 3.9%	2,302	61,366
西区		252,749 (7,062)	171,652 (6,664) 67.9%	33,733 19.9%	18,078 10.7%	110,848 65.5%	6,529 3.9%	2,464	81,097
儒城区		71,445 (1,436)	50,017 (1,360) 70.0%	12,322 25.2%	5,848 12.0%	27,590 56.4%	3,130 6.4%	1,127	21,428
大徳区		127,885 (2,750)	83,565 (2612) 65.3%	17,057 20.8%	9,765 11.9%	50,876 62.1%	4,192 5.2%	1,675	44,320

出所：韓国ギャラップ（1996）、『第 1 回地方選挙投票行態』

これは人口がもっとも多い西区での投票率67.9%に対する自民連・洪善基候補の最大得票率65.5%は相対的に執権与党候補だった廉弘喆候補が西区で最小の得票率を示し、執権与党で除去された金鍾泌に対する感情が表れた部分であったと分析できる。

次に、自治区で表れた候補間（廉弘喆・洪善基）の得票率の特徴をみると、東区（甲）で廉弘喆候補の得票率20.9%より高かった洞は全体16洞のうち10洞だった。一方、自民連洪善基候補は平均得票率63.8%より高かった洞は全体16洞のうち9洞だった。

東区（乙）では、全体8洞のうち廉弘喆候補は2洞で平均得票率より高く、洪善基候補は4洞で高かった。

廉弘喆候補が5ヵ自治区の中で、19.9%で最低の得票率を示したが、洪善基候補は65.5%で最大得票を得た16洞の西区では、廉弘喆候補は4洞で、洪善基候補は2洞を除いた14洞で平均得票率より高い得票率を示した。西区地域は事務業層が多く分布されている地域で、金鍾泌除去による感情が政党に対する一体感として作用され、自民連に対する愛着が他自治区より多く表れた地域だったことが分かる。

また、儒城区の8洞では、廉弘喆候補が4洞で平均得票率より高い25.2%の得票率を示した反面、洪善基候補は平均得票率より一番低い56.4%の得票率を表したが、たった1つの洞で平均得票率より高い68.3%の得票率を示したのである。

一方、儒城区では民主党の邊平燮候補も平均得票率10.8%より高い12.0%の得票率を示した地域であり、また無所属の李大衡候補も6.4%の得票で平均得票率の4.5%より一番高い地域となり、相対的には候補者にとって均衡的な分布が表れた自治区だったと言えよう。

総 10 洞である大徳区での廉弘喆候補は 20. 8% の得票率を、洪善基候補は 62. 1% の得票率を示した。廉弘喆候補が平均得票率より高い得票率を示したのは 3 洞で、洪善基候補は 4 洞であった。

〈表 5−3〉のように全体で 25 洞である中区では、宣化 1 洞・宣化 3 洞・中村洞・大興 1 洞・大興 2 洞・大興 3 洞・五柳洞・文化 1 洞で廉弘喆候補は平均得票率より高かった反面、洪善基候補は宣化 3 洞・中村洞・五柳洞を除くすべての洞で平均得票率より高い得票率を表れた。

特に、洪善基候補は龍頭 1 洞で平均得票率より一番高い得票率、70. 0% を得た反面、廉弘喆候補は龍頭 2 洞で一番低い得票率、15. 9% であった。

次の〈図 5−4〉は、5 自治区での平均得票率を示したものである。

表 5-3　6・27 大田広域市長選挙得票率（中区）

区分／洞別	選挙人数（不在者）	投票数（不在者）		候補者別得票数（得票率 : %）							
				民自党		民主党		自民連		無所属	
				廉弘喆		邊平燮		洪善基		李大衡	
合計	182,315 (4,978)	120,949 (4725)	66.3	24,240	20.1	11,940	9.9	77.783	64.3	4,684	3.9
銀杏洞	1,768	1,266	71.6	243	19.8	105	8.6	848	69.1	32	2.5
宣化 1	3,458	2,222	64.3	510	23.4	191	8.8	1,403	64.5	74	3.3
宣化 2	2,454	1,557	63.4	298	19.4	191	12.5	997	65.0	47	3.1
宣化 3	4,661	3,140	67.4	770	25.0	300	9.7	1,911	62.1	98	3.2

牧洞	5,564	3,777	67.9	747	20.2	437	11.8	2,405	64.9	118	3.1
中村洞	11,818	7,730	65.4	1,738	22.9	835	11.0	4,711	62.0	309	4.1
大與 1	1,006	691	68.7	156	22.9	61	8.9	450	66.0	15	2.2
大與 2	4,205	2,729	64.9	566	21.1	312	11.6	1,716	63.9	93	3.4
大與 3	5,125	3,428	66.9	745	22.0	300	8.9	2,217	65.5	122	3.6
文昌 1	3,327	2,249	67.6	435	19.8	211	9.6	1,468	66.8	85	3.8
文昌 2	3,758	2,588	68.9	508	20.1	269	10.6	1,662	65.7	91	3.6
石橋洞	17,645	11,446	64.9	1,992	17.7	1.064	9.5	7,699	68.5	479	4.3
大寺洞	6,854	4,329	63.2	879	20.7	382	9.0	2,836	66.8	149	3.5
芙沙洞	7,931	4,759	60.0	823	17.6	435	9.3	3,257	69.6	165	3.5
龍頭 1	3,768	2,503	66.4	461	18.8	209	8.5	1,717	70.0	64	2.7
龍頭 2	5,558	3,509	63.1	549	15.9	360	10.4	2,390	69.2	157	4.5
五柳洞	8,716	6,064	69.6	1,515	25.3	500	8.3	3,745	62.4	238	4.0
太平 1	7,239	4,917	67.9	888	18.4	461	9.6	3,347	69.4	125	2.6
太平 2	10,853	7,238	66.7	1,490	20.9	692	9.7	4,697	65.9	251	3.5
柳川 1	6,993	4,565	65.3	848	19.0	485	10.8	3,009	67.3	130	2.9
柳川 2	12,598	8,465	67.2	1,691	20.3	772	9.3	5,611	67.4	252	3.0
文化 1	9,436	5,955	63.1	1,266	21.6	551	9.4	3,815	65.1	230	3.9
文化 2	12,534	7,815	62.4	1,343	17.5	870	11.3	5,172	67.4	283	3.8
山城洞	18,946	12,262	64.7	2.075	17.2	1,177	9.8	8,279	68.8	509	4.2
山西洞	1,122	891	79.4	163	19.5	69	8.3	564	67.6	38	4.6

出所：韓国ギャラップ（1996）、『第 1 回地方選挙投票行態』

図 5-4　6・27 大田広域市長選挙候補者別得票率グラフ

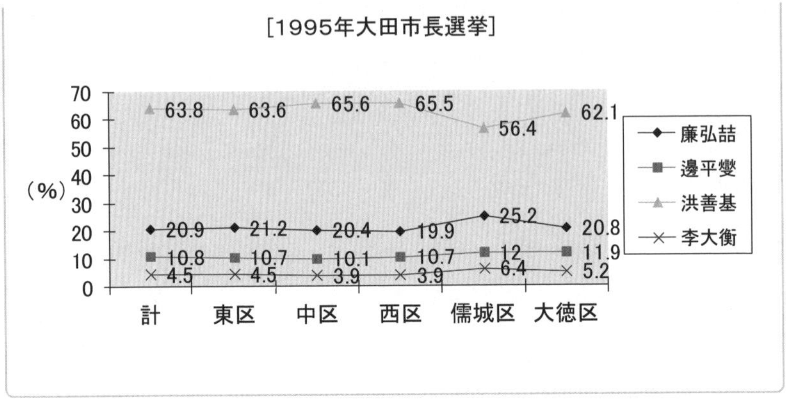

出所：韓国ギャラップ（1996）、『第 1 回地方選挙投票行態』

第2節　第 2 回大田広域市長選挙分析

1　一般情勢

6・4 地方選挙の約 6 ヶ月前にあたる 1997 年 12 月 18 日、DJP 体制で大選が行われた。

このDJP 体制の余波はこの大田市長選挙まで続き、与党の新政治国民会議と自民連が連合公薦して大田広域市長候補を立てた。

自民連所属の李良熙議員も大田市長に挑戦しようとしたが、彼は「党の命令に従う」とし、結局現職市長の洪善基市長を自民連候補公薦者として内定した。ハンナラ党の候補で挻論された廉弘喆・航空管理公団理事長は「様々な状況の変化があるから決定しにくい」「しばらく観望する」と留保的な立場を表明した。

1995年の大田広域市長選挙で63.7%の高い得票を得て当選した洪善基市長が再出馬する反面、野権候補では国民新党の宋千永大田東（乙）委員長が大田市長に出馬の意思を表明した。

結局、第1野党のハンナラ党は廉弘喆候補が観望して候補を立てられない反面、新政治国民会議は自民連と連帯したため候補が立たなかった。

選挙前の調査結果をみると、現職の洪善基候補が全階層・全地域で他候補を圧倒した。特に50代以上高年齢層の支持が高かった。自民連を支持する大田有権者達の凝集力は、自民連候補が出馬した8つの市・都の中で一番高かった。

現職市長であり、大田の情緒がまだ自民連の流れに継続している状況で、自民連の洪善基候補は国民新党の宋千永候補、そして無所属の曽明鉉候補がこの度は大田市長候補として出馬した。

第2回の民選大田市長選挙の選挙結果を見た時、大田市民達の投票行動は自民連の洪善基候補と国民新党の宋千永候補に対しては「候補者の人物」を優先的に考慮し、投票した。その次の支持理由は、自民連の洪善基候補は「政党」、国民新党の宋千永候補は「与野牽制と調和」と「政党」であった。この選挙では、第1党にも関わらずハンナラ党は大田市長候補を立てておらず、大田・忠清圏の自民連支持基盤が固い状況下で、特別なイシューもない中、自民連の洪善基候補の独走を国民新党の宋千永候補が食い止めるには力不足が否めなかった。

図 5-5 6.4 大田広域市長選挙候補支持理由グラフ

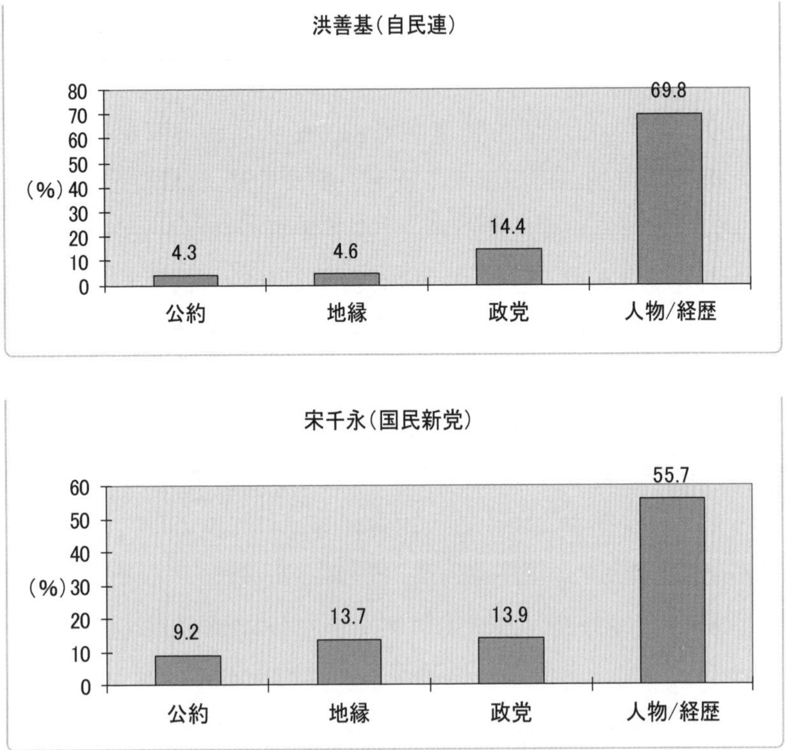

出所 : 韓国ギャラップ（1999）、『第 2 回地方選挙投票行態』

ハンナラ党の固定支持者層をみると、この度の第 2 回地方選挙では大田市長候補がいないため、棄権者数が第 1 回地方選挙より増加したが、第 1 回大田市長選挙では全体有権者棄権者数が 33% に至った。第 2 回大田選挙では全体有権者の中で棄権者数は 56% に達した。したがって、ハンナラ党を固定的に支持した階層での棄権が増えたと言えよう。

男・女性別分析でも自民連の洪善基候補に 76% 以上の投票行動が深刻で、年齢別でもすべての年齢層で絶対的な支持性向を見せた。その中で50代以上では90%が越える一方的な様相を表した。このような状況で国民新党の宋千永候補の当選を期待することは難しかった。国民新党の宋千永候補と自民連の洪善基候補との間には、人物対決及び政党支持度に大きな差があったのである。

自民連支持者の自民連候補支持率は大田で94.1%を示し、国民新党支持者の国民新党候補支持率は大田が23.4%と、国民新党候補地域4ヶ所（大邱・蔚山・仁川・大田）の中でも一番低かった。大邱を除いた地域の凝集力も50%以下で他政党支持者より低かった。一方、無党派有権者の候補支持率でも自民連の洪善基候補が73.2%、国民新党の宋千永候補が17.5%、無応答が33.3%だった。結局、大田の地域情緒はすでに自民連勝利の雰囲気で、大田地域の自民連選好情緒を反映したように選挙初盤から自民連の洪善基候補の一方的な独走が継続された。

図5-6　自民連支持者の自民連候補支持率グラフ

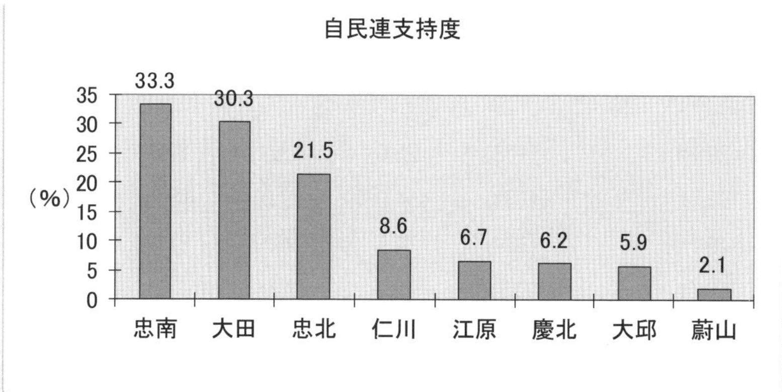

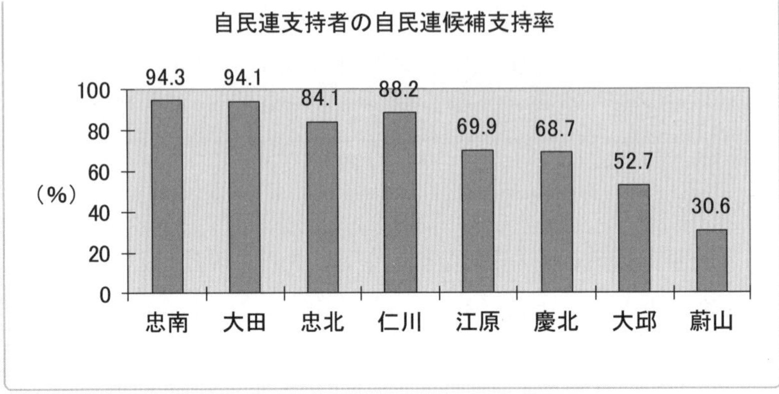

出所：韓国ギャラップ（1999)、『第2回地方選挙投票行態』

表5-4　6・4大田広域市長選挙予想集計表

単位：%

質問内容：あなたは今日誰に投票しましたか？

内容	事例数	洪善基	宋千永	曽明鉉	計
○ 全体	(519)	76.5	13.7	9.7	100.0
○ 性別					
男性	(267)	76.5	15.0	8.5	100.0
女性	(252)	76.6	12.4	11.0	100.0
○ 年齢別					
20代	(103)	78.6	12.9	8.5	100.0
30代	(153)	64.0	19.8	16.2	100.0
40代	(124)	74.5	14.2	11.2	100.0
50代	(75)	90.8	7.7	1.5	100.0
60代以上	(63)	90.7	6.5	2.9	100.0
○ 教育水準別					
中卒以下	(121)	82.7	10.0	7.4	100.0
高　卒	(205)	76.4	17.4	6.2	100.0
大学在学以上	(194)	72.9	12.2	14.9	100.0

○ 職業別					
農 / 林 / 漁業	(8)	50.6	14.3	35.1	100.0
自営業	(68)	81.6	7.9	10.5	100.0
労働者	(71)	86.9	8.3	4.8	100.0
事務職	(112)	64.9	29.4	5.6	100.0
専業主婦	(156)	75.0	14.1	10.9	100.0
学　生	(33)	73.2	0	26.8	100.0
無職 / その他	(73)	87.3	5.7	7.1	100.0
○ 支持政党別					
ハンナラ党	(30)	52.5	18.7	28.8	100.0
国民会議	(129)	68.3	19.2	12.5	100.0
自民連	(160)	94.1	3.2	2.6	100.0
国民新党	(19)	63.6	23.4	13.0	100.0
その他の政党	(2)	0	0	100.0	100.0
知らない / 無応答	(179)	73.2	17.5	9.3	100.0

出所 : 韓国ギャラップ（1999)、『第 2 回地方選挙投票行態』

図 5-7　6・4 大田広域市長選挙候補支持度変化推移グラフ

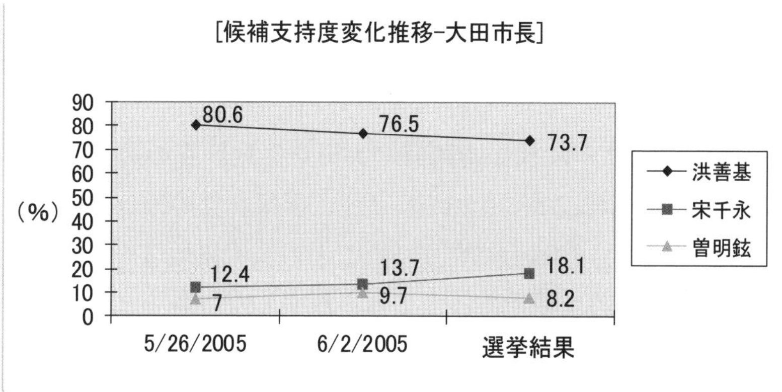

出所 : 韓国ギャラップ（1999)、『第 2 回地方選挙投票行態』

2 投票率及び得票率分析

第2回大田広域市長選挙は野党のハンナラ党が立候補を立てなかったため、自民連候補の洪善基現職市長の一方的な得票状況となり、両党対決構図は形成されなかった。そのため、得票率を分析することは無理な状況となった。

したがって、第2回選挙分析は簡略に述べざるを得ない。大選後、まもなくIMFによる選挙に対する関心度が低調になった上、特別なイシューがなかったことが、現職市長である洪善基候補者にプラス要因となり、票の集中現象が現れた。

まず、〈表5-5〉のように5ヵ自治区で自民連洪善基候補が73.7%の平均得票率を示しており、強力な野党候補とは言いがたい国民新党の宋千永候補が対決するのは難しい状況であったと言える。

表からも分かるように、今回の選挙過程での投票行動は特定候補の一方的な独走の中で、大田の全自治区で自民連の洪善基候補が70%以上の得票率を示した。東（乙）地域は宋天永候補が管理した地域だったため、20%台の得票率を示した地域となった。無所属の曽明鉉候補は儒城区で一部10%台の得票率を示したが、それ以外の自治区ではほとんど一桁台の得票率を示した。

一方、第12・14代2選議員で大田東区地区党の委員長として地域区を管理したにもかかわらず、国民新党の宋天永候補の得票率平均が約10%台に留まったことは、大田地域が相変わらず自民連の優勢地域であったことを証明した。さらに、ハンナラ党が候補者を立てなかったことも票の偏重現象に大きな影響を与えたと分析できる。

表 5-5 6・4 大田広域市長選挙自治区別投票率及び候補者別得票率

選挙区別		選挙人数（不在者）	投票数（不在者）		候補者別得票数（得票率：%）					
					自民連		国民新党		無所属	
					洪善基		宋天永		曽明鉉	
合計		888,968 (20,955)	395,102	44.4	286,240	73.7	70,409	18.1	31,795	8.2
東区	計	183,591 (4,632)	84,992	46.3	60,937	73.0	16,588	19.8	6,001	7.2
	甲	102,540 (2,592)	48,700	47.5	35,572	74.5	9,023	18.9	3,181	6.7
	乙	81,051 (2,040)	36,292	44.8	25,365	71.0	7,565	21.2	2,820	7.9
中区		181,302 (4,749)	81,057	44.7	60,275	75.7	13,345	16.8	5,979	7.5
西区	計	291,917 (7,781)	125,073	42.8	90,967	73.8	21,389	17.4	10,889	8.8
	甲	135,847 (3,773)	59,499	42.9	43,410	74.1	10,252	17.5	4,949	8.4
	乙	156,070 (4,008)	65,574	42.0	47,557	73.6	11,137	17.2	5,940	9.2
儒城区		93,964 (2,103)	44,070	46.9	31,122	72.1	7,653	17.7	4,371	10.1
大徳区		138,194	59,910	43.3	42,939	72.9	11,434	19.4	4,555	7.7

出所：韓国ギャラップ（1999）、『第 2 回地方選挙投票行態』

1988 年自治区の東区が東（甲）と東（乙）で分けられ、今回の大田選挙で宋天永候補は東（乙）地域で唯一 20% 台の得票率を示した。

東区地域は旧都心圏を形成していて大田でも発展が遅れている地域であり、地域住民の地域葛藤が大きい地域に分類されている中で、宋天永候補の20%台の得票率を見せたことは大田地域の自治区の中でも小地域主義が現れていると言えよう。

第2回大田市長選挙では、自治区の西区が（甲）と（乙）に分けられたが、特筆すべき現象は認められなかった。

表5-6　6・4大田広域市長選挙得票率（中区）

選挙区別	選挙人数	投票数（%）		候補者別得票数（得票率:%）					
				自民連		国民新党		無所属	
				洪善基		宋天永		曽明鉉	
合計	181,302	81,057	44.7	60,257	75.7	13,345	16.6	5,979	7.7
不在者	4,749	4,400	92.7	3,266	76.8	586	13.8	401	9.4
銀杏洞	1,507	671	44.5	494	75.4	111	16.9	50	7.7
宣化洞	10,233	4,495	43.9	3,330	75.4	732	16.6	354	8.0
牧洞	5,409	2,002	37.0	1,462	75.0	323	16.6	165	8.4
中村洞	11,670	5,182	44.4	3,787	74.4	890	17.5	411	6.8
大與洞	9,548	4,330	45.3	3,226	75.4	746	17.4	306	5.8
文昌洞	6,446	3,183	49.4	2,309	74.0	550	17.6	260	6.7
石橋洞	17,741	7,853	44.3	5,685	73.7	1,505	19.5	522	6.5
大寺洞	6,623	2,878	43.5	2,189	77.7	465	16.5	163	7.1
芙沙洞	7,611	2,969	39.0	2,262	77.7	455	15.6	196	8.3
龍頭1	3,551	1,660	46.7	1,301	79.8	223	13.7	107	7.9
龍頭2	5,703	2,401	42.1	1,845	78.1	350	14.8	166	8.0

五柳洞	8,530	4,021	47.1	3,015	76.2	613	15.5	327	6.2
太平 1	5,803	2,569	44.3	1,913	75.8	410	16.3	200	7.3
太平 2	10,961	4,290	39.1	3,220	76.2	666	15.8	340	7.8
柳川 1	6,707	2,833	42.2	2,208	79.2	406	14.6	174	7.9
柳川 2	13,244	6,194	46.8	4,633	76.0	1.018	16.7	444	7.1
文化 1	10,901	4,300	39.4	3,177	75.2	717	17.0	330	5.2
文化 2	12,823	5,406	42.2	3,952	74.1	961	18.0	420	
山城洞	20,500	8,770	42.8	6,515	75.5	1,506	17.4	610	
山西洞	1,042	648	62.2	486	77.3	110	17.5	33	

出所：韓国ギャラップ（1999）、『第 2 回地方選挙投票行態』

過去第 1 回のとき、西区での洪善基候補の平均得票率は 63. 8% だったが、第 2 回大田広域市長選挙では西区（甲）で 74. 1%、西区（乙）で 73. 6% の平均得票率を示し、絶対的な支持を得た。

図 5-8　6・4 大田広域市長選挙候補者別得票率グラフ

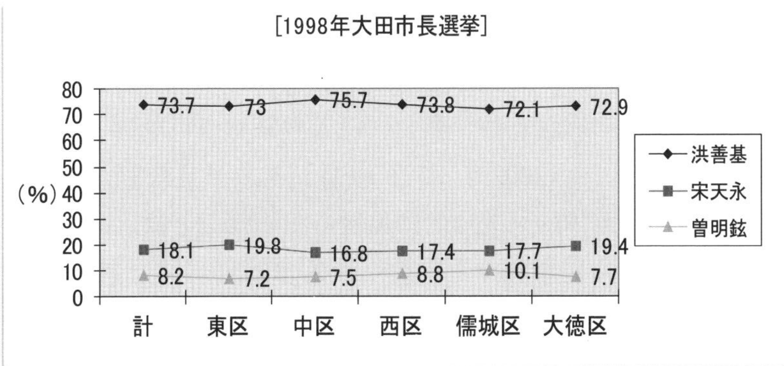

出所：韓国ギャラップ（1999）、『第 2 回地方選挙投票行態』

また、洪善基候補は全体20洞の中区地域でもやはり平均得票率とほぼ同じ得票率を示した中で、龍頭1洞と龍頭2洞は平均得票率より多少高い79.8%と79.2%の得票率を示した。

第3節 第3回大田広域市長選挙分析

1 一般情勢

1997年12月18日、直接選挙方式で行われた第15代大統領選挙において、金大中と金鐘泌の共助体制（DJP体制）で金大中政府が出帆し、金鍾泌はその補償として国務総理に任命され、自民連の代表は李漢東議員が任命された。

以後、また李漢東代表を国務総理に任命したため、DJP体制は徐々に冷めていった。金大中政府の執権中盤以後、二人の息子の賄賂問題と各種のゲイト事件が起き、民心は執権与党から離れていった。

金大中政府の腐敗が表面化し、自民連の基盤であった大田は金鍾泌の政治的無能とリーダシップでの党の内紛が続く中、ついに第16代大選（2002年12月19日）を6ヶ月残した。この度の選挙では全体的・政治的に無関心だったことに比べ、腐敗した金大中政府を審判する機会とする雰囲気が拡大する一方、ハンナラ党では「腐敗政権審判論」を掲げた。大田広域市長選挙でも長期執権による問題点を誘発し、廉弘喆・洪善基候補者が 7 年ぶりに再対決するが、「負債規模」に関する政策対立であり、「地域主義」性向をやや離れた面もある選挙戦となった。

一方、民主党からは候補者を立てなかったため、鄭河溶候補は無所属で出馬した。

過去、1997 年の大統領選挙で、金大中候補は大田で 45% の支持を得たが、政権末期で「李会昌待望論」が形成されていく雰囲気の中、民選 3 期大田広域市長選挙では「大田市の負債規模」が対決のホットイシューとなった。

〈表 5-8〉によって大田市民の投票行態を見ていきたい。まず性別支持に関しては、民選 1 期大田市長選挙の時とは異なり、廉弘喆候補の支持は女性より男性が高かった。年齢別でも廉弘喆候補は 20 代で自民連の洪善基候補より比較的に低い支持性向を示した。そして、全年齢層では特に 40 代の支持が高かった。洪善基候補は全年齢層で特に 20 代の支持が高かった。教育水準については、廉弘喆候補は大学在学以上、洪善基候補は高卒層での支持がそれぞれ高く表れた。支持政党別では、民主労働党が自民連を取り除いて躍進する中、自民連候補よりハンナラ党候補により多く分散された票が流れた。

選挙関心度でのホットイシューは長期執権による「大田市の負債規模」に関する問題であった。

今回、大田市長候補において自由競選で選出されたハンナラ党の廉弘喆候補、現職市長で自民連の洪善基候補、そして無所属の金憲泰候補・鄭河溶候補の総 4 名が出馬した。

ハンナラ党の廉弘喆候補は、「今から変えましょう！」というスローガンを掲げ、地方自治構造を脱皮しようと有権者に訴えた。現職の自民連の洪善基候補は「公職選挙及び選挙否定防止法（統合選挙法）」で、3 回に制限された選挙法によって、3 選のためには政策対決に専念しなければならない。しかし、地域主義の風を起こそうと、そちらに大きな力を注いだ。一方、廉弘喆候補が「乙池医大認可過程で3千万ウォンをもらって拘束され、2審の最終で1千万ウォンの罰金と3千万ウォンの追徴金を払った」と攻防戦まで繰り広げた。

この負債規模に関して、ハンナラ党の廉弘喆候補は6月末現在、大田市の確定負債が8, 025億ウォンであるが、まだ調達されなかった負債1, 900億ウォンを含むと1兆ウォンに近く、地下鉄建設事業費で2, 634億ウォンの負債発生と都市基盤施設拡充に1, 780億ウォンまで加えれば、負債規模は約1兆4千億ウォンだと主張した。

これに対して、現役市長で自民連の洪善基候補は2001年12月31日現在、負債は7, 962億ウォン（地下鉄2, 743億ウォン、上水道1, 078億ウォン、下水道1, 365億ウォン、道路施設366億ウォン、ゴミ処理施設366億ウォンなど）で、IMF為替危機当時は地方債発行比率が10% 以上だったが、2002年からは3. 6% に減少し、良好だと反論した。また、負債償還のため、減債基金（204億ウォン）を積立中であり、大型事業が終わる段階であるため、新規事業抑制と地方税年平均増加率（4~5%）を勘案すれば負債償還が可能であると反論したが、市民の信頼を獲得できなかった。鄭河溶候補は民主党公薦で出馬しようとしたが、民主党が候補を立たせないことを決心したので、行政部市長の経験と若さを掲げて無所属出馬をした。

また、前MBC記者出身の金憲泰候補も無所属候補で出馬した。忠清圏地方選挙で一番関心を集めるこの度の大田広域市長選挙で3選に挑戦する自民連の洪善基候補とハンナラ党の廉弘喆候補は、1995年民選1期大田市長選挙に続いて7年ぶりに競合し、その支持度も予測できない状態だった。

5 月 13 日 KBS 世論調査における支持率は、廉弘喆候補者が 24. 8% で洪善基候補の 19. 4% を 5. 4% 上回ったが、当選可能性では洪善基候補が 30. 1% で廉弘喆候補の 22. 7% より 7. 4% 高く表れた。このように、両陣営は世論調査機関で実施した候補者の支持度の推移を根拠に勝利を主張したが、浮動票が 30~40% に達している状況でそれを引きつけるための戦略を立てた。

表 5-7　6・13 大田広域市長選挙廉・洪世論調査支持度推移

単位：%

	廉弘喆	洪善基
MBC (5 月 9 日)	27.0	31.2
KBS (5 月 13 日)	24.8	19.4
朝鮮日報 (5 月 21 日)	25.1	31.2
ハンキョレ (5 月 22 日)	29.5	25.9
MBC (5 月 24 日)	29.2	29.9
中央日報 (5 月 26 日)	27.2	28.5
韓国日報 (5 月 27 日)	26.1	34.3
YTN (5 月 27 日)	28.2	27.2

出所：韓国ギャラップ（2003)、『第 3 回地方選挙投票行態』及び各世論調査機関から再作成

2 投票率及び得票率分析

過去第1回・第2回地方選挙をみると、大田は自民連の基盤を破ることはできなかったが、今度の第3回大田広域市長選挙では3選に挑戦し、長期執権に成功するか、新たな勢力が執権力を持つかという勝負での一選だった。16の広域団体長選挙当選者の中で最下位の得票率である46. 6%でハンナラ党廉弘喆候補が当選した。自民連の洪善基候補とは6. 4%の得票差であった。大田の情緒が過去第1回・第2回選挙に比べ、地域主義投票行態から脱皮したと言えよう。

表5-8 6.13大田広域市長選挙予想集計表

単位：%

質問内容：あなたは今日誰に投票しましたか？

内容	事例数	廉弘喆	鄭河溶	洪善基	金憲泰	無応答	計
○ 全体	(505)	29.2	6.3	29.9	3.8	30.8	100.0
○ 性別							
男性	(248)	32.5	6.2	30.2	2.9	28.2	100.0
女性	(257)	26.1	6.3	29.6	4.7	33.3	100.0
○ 年齢別							
20代	(130)	19.8	10.6	33.4	4.2	32.0	100.0
30代	(135)	31.2	9.2	33.1	6.2	20.3	100.0
40代	(117)	35.4	3.4	27.7	4.1	29.4	100.0
50代以上	(123)	31.1	1.2	24.7	0.4	42.6	100.0
○ 教育水準別							
中卒以下	(84)	24.0	1.1	28.7	1.6	44.6	100.0
高　卒	(181)	25.7	2.3	36.9	3.4	31.7	100.0
大学在学以上	(240)	33.7	11.1	25.0	4.9	25.3	100.0

○ 職業別							
農 / 林 / 漁業	(7)	52.7	0.0	6.9	6.9	33.5	100.0
自営業	(61)	37.9	2.4	33.7	2.7	23.3	100.0
労働者	(48)	28.4	1.7	47.2	3.0	19.7	100.0
事務職	(90)	26.3	11.3	25.2	8.9	28.3	100.0
専業主婦	(185)	28.5	6.5	27.9	3.3	33.8	100.0
学　生	(57)	23.1	8.7	32.9	2.5	32.8	100.0
無職 / その他	(56)	30.8	3.9	24.9	0.0	40.4	100.0
○ 支持政党別							
ハンナラ党	(132)	60.8	1.3	15.9	2.0	20.0	100.0
民　主　党	(101)	17.9	22.2	38.4	1.6	19.9	100.0
自　民　連	(63)	11.5	4.3	56.1	5.6	22.5	100.0
民主労働党	(6)	24.0	54.0	8.5	13.4	0.1	100.0
韓国未来連合	(8)	6.8	0.0	41.4	19.2	32.6	100.0
その他の政党	(4)	12.6	0.0	52.1	0.0	35.3	100.0
知らない / 無応答	(193)	20.8	0.8	26.1	4.7	47.6	100.0

出所 : 韓国ギャラップ（2002)、『第３回地方選挙投票行態』より作成

廉弘喆候補と洪善基候補間の得票率 6. 4% の差は「大田広域市の負債規模」に対する政策対決で洪善基候補に不利な要素として作用したからであるとされている。すなわち、洪善基候補に対する信頼性に市民も首肯したことを表した部分である。また約 6 ヶ月後に行われる李会昌大選候補の忠清地域縁故性を最大化した「待望論」と「廉弘喆大勢論」は大田地域住民の情緒に訴えたこと分析される。

一方、約 40% 代の浮動層の動きが勝負の大きなカギとなったが、市長交代はすぐ政権の交代につながるという論理が拡大され、ハンナラ党候補側に民心が傾いたが、この度の大田広域

市長選挙では全体有権者の中で 42. 2% だけが投票に参加する史上最低の投票率を表した。これは一番多い棄権者を生んだのであった。

洪善基候補は過去第 1 回選挙では 63. 8%、第 2 回選挙では 73. 7% の得票率を示し、絶対的な支持を得たが、この度の第 3 回選挙では 40. 2% の得票に過ぎない。自民連の最大橋頭堡の座は失われてしまったのである。

表 5-9 6・13 大田広域市長選挙自治区別投票率及び候補者別得票率

選挙区別	選挙人数(不在者)	投票数(不在者)		候補者別得票数（得票率 :%）			
				ハンナラ党	自民連	無所属	無所属
				廉弘喆	洪善基	金憲泰	鄭河溶
合計	987,180 (24,479)	417,809 (22,358)	42.3	191,832 46.62%	165,426 40.20%	15,780 3.83%	38,445 9.34%
東区	181,210 (4,541)	76,220 (4,222)	42.1	32,969 44.14%	32,035 42.89	3,066 4.10%	6,623 8.87%
中区	195,396 (5,159)	83,818 (4,719)	42.9	37,980 46.03%	33.683 40.82%	3.105 3.76%	7,742 9.38%
西区	333,834 (8,820)	140,783 (7,971)	42.2	67,939 48.80%	53,426 38.38%	4,711 3.38%	13,131 9.43%
儒城区	119,056 (2,413)	52,548 (2,191)	44.1	24,855 48.06%	19,643 37.99%	2,112 4.08%	5,102 9.87%
大徳区	157,684 (3,546)	64,440 (3,255)	40.9	28,089 44.33%	26,639 42.04%	2,786 4.40%	5,847 9.23%

出所 : 韓国ギャラップ（2003)、『第 3 回地方選挙投票行態』

図 5-9　6・13 大田広域市長選挙候補者別得票率グラフ

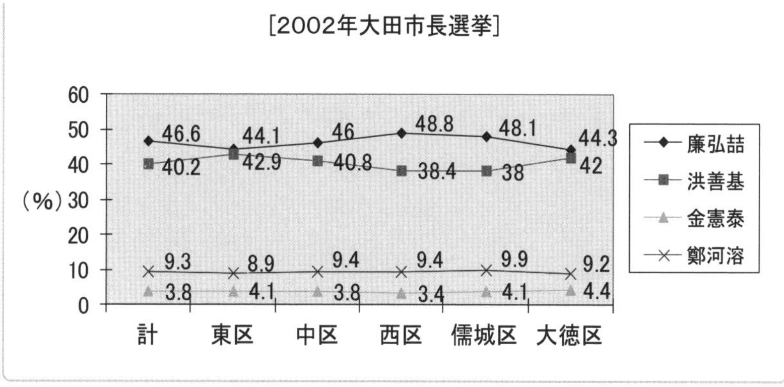

出所：韓国ギャラップ（2003)、『第 3 回地方選挙投票行態』

表 5-10　第 1・2.3 回大田広域市長選挙自治区別投票率

単位：(%)

	全国投票率	大田広域市長選挙自治区別投票率					
		計	東区	中区	西区	儒城区	大徳区
1995	68.4	66.9	66.1	66.3	67.9	70.0	65.3
1998	52.7	44.4	46.3	44.7	42.8	46.9	43.3
2002	48.9	42.3	42.1	42.9	42.2	44.1	40.9

出所：韓国ギャラップ（2003)、『第 3 回地方選挙投票行態』

図 5-10 第 1・2・3 回大田広域市長選挙自治区別投票率グラフ

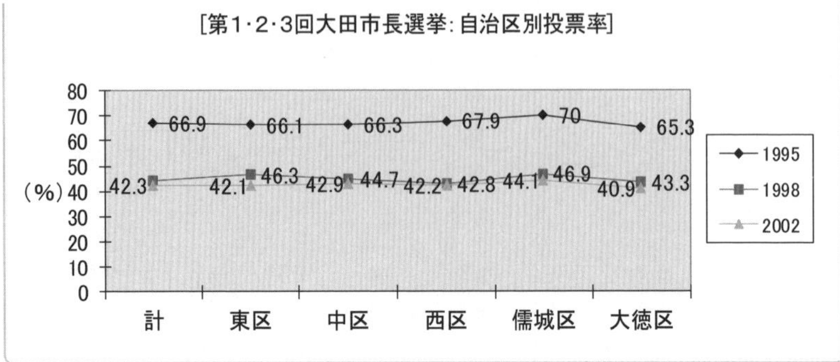

出所 : 韓国ギャラップ（2003)、『第 3 回地方選挙投票行態』

表 5-11 第 1・2・3 回大田広域市長選挙候補者別得票率

単位：(%)

	候補者	政党	大田広域市長選挙候補者別得票率					
			計	東区	中区	西区	儒城区	大徳区
1995 年	廉弘喆	民主自由党	20.9	21.2	20.4	19.9	25.2	20.8
	邊平燮	民主党	10.8	10.7	10.1	10.7	12.0	11.9
	洪善基	自由民主連合	63.8	63.6	65.6	65.5	56.4	62.1
	李大衡	無所属	4.5	4.5	3.9	3.9	6.4	5.2
1998 年	洪善基	自由民主連合	73.7	73.0	75.7	73.8	72.1	72.9
	宋天永	国民新党	18.1	19.8	16.8	17.4	17.7	19.4
	曽明鉉	無所属	8.2	7.2	7.5	8.8	10.1	7.7
2002 年	廉弘喆	ハンナラ党	46.6	44.1	46.0	48.8	48.1	44.3
	洪善基	自由民主連合	40.2	42.9	40.8	38.4	38.0	42.0
	金憲泰	無所属	3.8	4.1	3.6	3.4	4.1	4.4
	鄭河溶	無所属	9.3	8.9	9.4	9.4	9.9	9.2

出所 : 韓国ギャラップ（2003)、『第 3 回地方選挙投票行態』

第3回大田広域市長選挙での得票率は、〈図5–11〉が示すように、ハンナラ党の廉弘喆候補が自民連の洪善基候補を全5自治区で上回った。特に西区と儒城区では、西区では廉弘喆候補が48. 8%、洪善基候補が38. 4%であった。儒城区でも廉弘喆候補は48. 1%で、38. 0%の洪善基候補に約10%の差をつけた。一方、無所属の金憲泰候補と鄭河溶候補の得票率は10%を下回り、廉弘喆・洪善基候補達に大きく水をあけられる結果となった。これは、両者対決の中での政党に対する大田地域の市民の選好が相対的に高かったことを示していると見られる。

また、自治区別で候補者が得票した得票数での特徴をみると、大田市庁舎など重要行政機関の西区地域での移転による共同化現象が加速した18洞の中区地域では、〈表5–12〉のように五柳洞・太平2洞・柳川2洞などで廉弘喆候補が洪善基候補より得票率・投票率で上回ったが、石橋洞・芙沙洞・龍頭洞・柳川1洞では洪善基候補の得票率が上回ったのである。

表5-12　6・13大田広域市長選挙得票数（中区）

区分／洞別	選挙人数	投票数（%）		候補者別得票数			
				ハンナラ党	自民連	無所属	無所属
				廉弘喆	洪善基	金憲泰	鄭河溶
合計	195,396	83,818	42.9	37,980	33,683	3,105	7,742
不在者	5,159	4,719	91.5	1,384	2,294	270	531
銀杏・宣化洞	11,920	4,797	40.2	2,401	1,723	171	433
牧洞	7.059	4,797	39.8	1,336	1,026	134	270
中村洞	13,682	5,442	39.8	2,612	2,039	197	514
大與洞	8,904	4,012	45.1	1,909	1,531	151	366

文昌洞	5,847	2,324	39.7	1,095	910	87	185
石橋洞	17,024	6,782	39.8	2,840	2,967	274	600
大寺洞	6,318	2,680	42.4	1,247	1.068	93	233
芙沙洞	7,323	3,145	42.9	1,309	1,403	116	263
龍頭洞	7,462	3,262	43.7	1,296	1,486	134	288
五柳洞	8,894	4,364	49.1	2,295	1,571	110	330
太平 1 洞	11,296	4,232	37.8	1,945	1,636	152	456
太平 2 洞	19,741	8,510	43.1	4,466	2,990	226	742
柳川 1 洞	6,037	2,596	43.0	1,069	1,169	119	204
柳川 2 洞	13,092	6,152	47.0	2,931	2,370	200	577
文化 1 洞	11,040	4,520	40.9	2,209	1,736	108	421
文化 2 洞	12,973	5,056	39.0	2,208	2,101	217	458
山城洞	21,715	8,334	38.4	3,380	3,637	344	864

出所 : 韓国ギャラップ（2003）、『第 3 回地方選挙投票行態』

小結

大田において進行したのは次のことであった。第一にこの地域でも当初は、強力な地域感情が存在し、それは1995年の選挙にて、自民連候補者を勝利させたのみならず、1998年には事実上、この市長選挙を無風化するほどの影響を誇ることとなる。

しかしながら、このような地域感情は2002年には大きく後退した。変わって出現したのは、今まで現れなかった、地域政治そのものへの関心である。具体的にはそれは、地方財政への関心であり、それこそが2002年選挙の帰趨を決めてゆくこととなった。

このような大田の事例が示していることは、韓国の現行制度においては、地方自治の目的にかなった地方自治、即ち、地方の必要に沿って行われる地方自治と、その首長を決めるための選挙を行うことが十分可能であるということである。言い換えるなら、韓国において真正の地方自治実現を阻んでいるのは地域主義であり、健全な地方自治の発展のためには、地方選挙からこの地域主義の影響を払拭することが急務であるということである。

結論

1　研究の結果

本書は、韓国における地方自治制度のなかで、韓国国民における「地方自治」がいかなるものであったのかについて考察し、ポイントとなる、人々が「地方自治」にどれほどの関心を寄せていたかという点をめぐって考察を重ねてきた。

まず第1章では、第一・第二共和国期の韓国における、地方自治制度のあり方の変化について概観してきた。そこにより明らかになったことは、次の二つのことであった。第一は、様々な問題点こそあったものの、この時期の韓国においては、「制度」としての地方自治は確かに存在していたということである。就中、4月革命を得て成立した第二共和国期における地方自治は、少なくとも制度としてみた場合に、他国のそれらと遜色ないものであり、選挙においても一定の公平性が保障されていたと評価されている。第二に、制度を離れてその実際の運用に目を向けるなら、韓国の地方自治制度は、時の政権勢力によって中央政治における「権力闘争の手段」として用いられたことである。言うまでもなく、この現象は第一共和国において顕著であったが、例えば副知事制を巡っての議論に見られたように、第二共和国期においても、地方自治が与野党間の政争の具として用いられることは度々あった。

このような第一・第二共和国期における地方自治は、1961年5月16日に勃発した、朴正熙少将らによる軍事クーデターにより停止、やがて撤廃されることになる。問題となるのは、このような事態においても当時の韓国では、地方自治の回復そのものが大きな焦点となることはなく、その実際の復帰も、1987年における中央政治の民主化から大きく遅れることになったことである。韓国の地方自治はどうして、このような空白期を迎えることとなったのであろうか。そして、それは第一・第二共和国期における地方自治の経験とどのように関係していたのであろうか。

この問題に答えるべく、第2章では、第一・第二共和国期に実施された3回の地方選挙を考察した。ここで明らかになったのは次の通りである。まず、1952年5月10日実施された道議会議員選挙は李承晩大統領の執権層が勢力基盤を固めるために政治的意図で行われたのであるが、戦争中にもかかわらず、81%というその後の選挙と比べても極めて高い投票率であった。これは政府与党による強制動員の結果であり、当時戦争の中、住民が執権自由党に支持の表現として投票への高い参加があったと言えよう。自由党支持の高い投票率は選挙後李承晩大統領が大統領直接選出制改憲のために行った反国会運動を展開する決定的な要因となる。

1956年8月13日に実施された第一共和国での2回目の広域議会議員選挙は平均86%という比較的に高い投票率であったが、初めて実施されたソウル特別市の場合一番低い75%にすぎなかったのである。

第一共和国が崩壊した後、1960年12月12日に行われた地方選挙は、動員選挙から解放された初めての地方選挙であり、民主主義を望む人々は選挙に行って投票すべきであった。しかし、民主化運動が活発であったソウル特別市までも広域議会議員選挙で46.2%という最低の投票率をみせたのである。その要因としては、第一共和国に続き第二共和国でも地方自治が与野党間の政争の具として用いられたこと、そしてその結果、人々が地方選挙は自らにとって重要ではないということを学習したことの結果であった。本来なら選挙を重ねることにより、民主主義と地方自治の必要性を学習するはずのところ、逆に当時の人々は、民主主義と地方自治が自らにとって無縁の存在であることを「学習」したことになる。皮肉な結果であるということができよう。

このような理由により、1961年以後約30年以上という長い地方自治の空白期にもかかわらず、人々は中央の民主化には関心があったものの、身近な地方の民主化には関心がなかったのだと考えられる。

第3章では、30年以上に渡る地方自治の空白期から地方自治の再形成過程を人々の意識と政治・社会的環境から考察してみた。

1960年の軍事クーデター以後、第三・第四・第五共和国の約30年間に渡る地方自治中断期においては、国家安保と工業化及び経済発展が国家政策の最優先課題とされ、これらの課題を効率的・能率的に遂行するために、行政の「民主化」より「能率化」に重点が置かれた。この間、地方自治は停止状態にあり、地方行政機関は行政機関の必要に応じ中央政府の統制によって行政を行っていた。このような時期にあっても、韓国における地方自治制度の変化要因は、政治権力者の意思により決定された中央政権の地方統治という官治の手段として使われたことにあったと言えよう。結果として、人々は地方自治もしくは地方政治には目を向けず、中央政治だけに強い関心を持ったのである。

30年以上の空白期を経た地方自治は、中央政治への民主化の波に乗って復活し、1991年に地方議議員選挙が行われた。しかしながら、この選挙は当時の人々の期待に答えたものではなく、政治的意図によるものであった。

30年以上地方選挙が行われなかったにもかかわらず、今回の選挙でも同じように人々の期待を裏切るような政治的要素が存在していた。今回の選挙での低い投票率は、若い有権者らの回避と無関心と同時に、地方自治体の自体に対する懐疑と不信、そして認識不足、その上に政治不信と有権者との接触機会が極めて制限されている選挙法による結果であったと言えよう。

第4章では、35年ぶりに復活した統一地方選挙を考察してみたが、そこにより明らかになったことは次の通りである。第一は、投票率の低下が一定のところで下げ止まっていることである。特に2002年の選挙が、1998年の選挙と大きな差を見せなかったことは、この国の地方政治への関心が一定のところで安定していることを示している。

第二に、それにも拘わらず、考慮すべき点もあった。それは、新しく登場したのが「地域主義」である。復活した地方自治も第一共和国期のように本来の地方政治における民主主義の充実という当初に期待された目的を離れて、ある特定地域を基盤にする勢力によって、中央権力に挑戦する目的にすぎないものになっていた。その意味では、韓国における相対的な地方選挙への高い「関心」は、一定の範囲ではありながら、地方政治そのものに対してというよりは、中央政治、特に大統領選挙の前哨戦としての関心の表れであるといえるように思われる。

第5章では、今このような「地域主義」の地から脱皮して行こうという動きが静かに起こっている忠清南道大田広域市長選挙を事例として取り上げて分析を試みた。

その結果、第一にこの地域でも当初は、強力な地域感情が存在し、それは1995年の選挙にて、自民連候補者を勝利させたのみならず、1998年には事実上、この市長選挙を無風化するほどの影響を誇ることとなる。

しかしながら、このような地域感情は2002年には大きく後退した。変わって出現したのは、今まで現れなかった、地域政治そのものへの関心であった。具体的にはそれは地方財政への関心であり、それこそが2002年選挙の帰趨を決めてゆくこととなった。

このような大田の事例が示すのは、韓国の現行制度においては、地方自治の目的にかなった地方自治、即ち、地方の必要に沿って行われる地方自治と、その首長を決めるための選挙を行うことが十分可能であるということである。言い換えるなら、韓国において真正の地方自治実現を阻んでいるのは、地域主義であり、健全な地方自治の発展のためには、地方選挙からこの地域主義の影響を払拭することが急務であるということである。

この結果から韓国における地方自治の未来はそれほど暗くはないと考えられるのである。

2 韓国地方自治における当面の課題

いままで考察してきて得られた研究の結果をふくめ、韓国における地方自治のあり方を考えてみることにする。

まず、韓国に地方自治の最も重要な課題の一つは、地方行政の民主化と地方分権がある。すなわち、これまで中央に集中していた権限を、中央と中間及び基礎自治体にどのように再分配していくかという課題がある。

韓国は、歴史的に権威主義的中央政治の伝統がある。しかも独立後は40年にわたる長い独裁政治が続いてきた。その間、第一共和国の下では、南北の分断・対立という厳しい状況の下で「反共」が国策となり、それに加えて第三、第四、第五共和国の下では、高度経済成長が国策となった。反共から高度経済成長への国策の展開の中で、常に行政の民主性より行政の能率性が重視・強調され、官僚的・中央集権的政治体制は一層高まった。

その結果、現行の地方自治制度の中には、機関委任事務、財政運営、自治体の人事などの分野にわたって従来の如く中央集権的、階層的統制の要素が多く含まれている。

第二に、首都圏への経済活動・人口の極端な集中と、それによってもたらされる大都市問題・地域格差問題、さらに「地域感情」問題などがある。韓国では、歴史的にソウル集中があり、それが経済成長政策を通して極端化した。例えば、仁川、京畿道を含むいわゆる「首都圏」地域のGRDPは、全体の46. 4%に達している。

さらにまた、ソウル集中とともに、東西の「地域感情」による対立が、地域格差を背景にして著しい状態になっている。1960年代以降の韓国の高度成長は、国民経済の運用において、自由放任の市場経済ではなく、政府の綿密な経済計画の下に、政府が公共部門を拡大すると同時に、民間部門に積極的に介入するという「政府主導体制」によって達成されたものであった。しかし、政府主導下の工業化は、地域的にはソウル、京畿道をはじめとする首都圏と、政治的支配勢力の出身地域である慶尚道地域を中心に行われたのがその特徴である。その結果、首都圏への極端な集中、周辺地域・農村部の開発の遅れによる地域格差、とりわけ工業化した東の慶尚道地域と農業地帯にとどまる全羅道地域との間の格差を過大させ、いわゆる「地域感情」を生み出した。

こうした地域格差を主因として現れた「地域対立」・「地域感情」には、さらに政治的問題が絡んでいる。すなわち、地域感情を起こした原因の一つには韓国政党政治の発展の遅れがある。それは、南北の分断・対立という冷厳な現実と軍事独裁政権の「経済成長第一主義」が政治発展を押さえてきたためである。従来、与党は現状維持派の集団であり、野党は正統性の乏しい政権に反対すること自体が党の役割であり、任務であった。そのため、韓国の政党は政策政党として発展したのではなく、与野党とも基本的にはボス（名望家）中心の政党にとどまった。党のボスは国会議員の公認権を持ち、有権者はボスの出身地域別に分かれて特定政党の公認した候補者に投票するという傾向を帯びてきた。その結果、特定政党ボスの地元の住民と特定政党との強固な結び付きをもたらし、その地域における多元的な政治的意見の表出を妨げている。

「今後、地域主義的な政党政治がどのように変化するか」は、何よりも政党制の変動が継続しているという点で、その予測をすることは非常に難しいと言える。いままで韓国の政治を左右してきた3金のこれからの去就の結果などによって大きく変われると見られる。しかし、せめて次のような三つの予測は慎重にできる。

まず、短期的にみる場合、地域主義的な政党亀裂は当面の間継続維持される見込みである。その理由の一つ目は、過去10年間地域主義的な政党亀裂が持続され、ある程度、構造化され、その面には慣性の法則が作用されるからである。二つ目は、統一など、予想されなかった事件が発生する可能性を除外したら現在の地域競争構図を代替できる政治的な亀裂の要因がないからである。すなわち、政党は画期的で支持を得られるような違う亀裂要因がないところでは、現在の地域亀裂が政党を差別化できる唯一な基準であるからだ。三つは、制度変更の権力を持っている現在の政党及び派閥指導者たちの権力基盤が地域主義的支持となっているからである。このような点で、地域主義的政党競争構図の急激な変化を期待する事は難しいと言える。

しかし、中長期的な側面では、地域主義が現在よりは弱くなると展望できる。その理由の一つ目は、地域主義的支持動員の求心点となった3金の役割が時間と共に必然的に減少せざるを得ないからである。二つ目は、3金を代替できる経綸とカリスマを持っている地域大衆的な政治指導者が現在現われていないと考えられるからである。三つ目は、現在の地域主義的競争は政党間の政策的内容や路線の差異を欠如し、単純に権力競争の一つの方式として登場したため、一時的には強かったかも知れないが、長期的には弱くなるはずだからである。

次に指摘できるのは、地域競争の構図が基本的に嶺南と湖南・忠清の3地域を基盤とするが、これからは地域間の連合活動がもっとも流動的に現われる展望からである。地域間の自由な連合は勿論、地域内の単位も独立的な単位を構成できよう。したがって、湖南と慶北、忠清と湖南など、過去では挑戦しなかった地域連合の登場を期待できる。また、ソウル・京畿地域を代表とする政党と派閥が登場する可能性も排除できない。

地域主義選挙連合の登場と変化が地位間の社会経済的な格差と文化的な偏見より窮極的に民主化過程で権力の配分を巡って現した葛藤に起因する事実から、我々は階級・宗教・人種・理念などの社会経済的・文化的葛藤が存在しない、国家権力の自律性と権力の集中度が高い韓国のような社会でよく現われる政治的葛藤のほとんどが、個人と集団の権力のための権力の追求から発生すると推論できよう。

したがって、このような韓国社会における地域間の対立は、今後の韓国政治の民主化や地方自治の発展のために、早急に解決しなければならない問題の一つである。

最後に、本書では詳しく触れなかったが、今後、地方自治団体の財源をどのようにして確保していくかという問題がある。韓国の地方自治の発展にとっても、そして、これからのわたしの研究課題としてもこの問題は重要なものと思われる。そもそも「財政の平等な分配」こそ、地域主義といった韓国における地域差別意識のもとになっているからである。韓国においては地方自治の健全な発展は、その財政にかかっているという認識が強く、常に自治団体の自主財源の乏しさが地方自治実施を延期する理由の一つとして論及されてきた。例えば、第五共和国下では憲法に「地方議会は、地方自治団体の財政自立度を勘案して、順次に構成する」という規定が置かれ、地方自治団体の財政自立度が途方議会構成時期の基準とされていた。

現在、ソウル特別市及び6つの広域市など、大都市の自治団体の財源は高い水準を維持しているが、農村地域の市・郡の財源が依然として低い水準にとどまっている。したがって、今後、基礎自治団体の財源をどのようにして確保するかが課題とされている。

しかし、韓国における地方財政の地域的不均衡は、地域経済が供給しうる財源の不足もその理由の一つであるが、より根本的な要因は財源の自主的確保が制度的に保障されないところにある。つまり、韓国における地方財政の地域的不均衡の原因は「中央と地域政府間の機能に相応する適正な財源の配分が法律的に整備されていないだけではなく、地域経済の能力に適合する歳入構造、行政組織及び歳出構造が先行していないところにある」という指摘も注視すべきである。従って、今後、地方自治団体の財政を確立するために、国と地方自治体間における財政の配分のあり方が慎重に検討されるべきである。その後、国税税源の地方移譲を通じての再分配と租税負担率が多少高くなっても新税源開発と法定外税目の設置などを通じて税源配分策が積極的に模索される必要があると思われる。

これまで考察してきたように、韓国の政治文化、とりわけ権威主義的政治文化を考慮するとき、地方での民主化こそ、韓国のあるべき民主化の道もまた、地方自治の確立・前進により一層促進されるものであろう。もちろん、そのためには既に指摘したような権威主義的・中央集権的政治体制、地域格差、地域感情、そして自治体の財源の確保など、多くの解決しなければならない問題を抱えている。

しかしながら、韓国における地方自治は、民主主義の基礎として広く国民に認識されつつあり、多くの国民が民主的地方自治を強く望み、そのために努力しているが、これこそが韓国の地方自治の将来の希望であると思われる。

あとがき

いまの現代韓国政治の類型的特性を一言で表現すれば、「権威主義文化」として規定することができる。権威主義の特性は、統治権者を主軸とする政治者たちの支配様式と一般国民の従順的服従である。このような政治風土では、同意による政治と責任性は衰退し、家父長的な抑圧と支配権力が強化される。韓国の政治家たちは絶対に権力を追求してきたし、それは権威主義と密接に関連していると思う。

権威主義政治体制の特性上、現在、韓国の政治は「君主と臣下」のように「政治者と一般国民」の関係が「水平的な対等関係」よりも「垂直的な上下関係」となり、このような上下関係は身分関係的性格を持つことになる。権力を独占しながら政策回路が閉鎖的になる。 国家のすべての方針は、上から下達した指示と命令に依存する。正当性がなくなり、これを水面の上に浮かび上がらないようにするために、「説得と同意」よりは「抑圧と暴力」に訴えることになる。

韓国はまだ儒教文化が深く位置づけられているが、儒教文化は韓国人の意識と行動に基準点として作用した。これは家庭教育と学校教育を権威主義の方法で変化させた。機会主義と事大主義も内面深く位置づけ、一国の国民として主体性を持つよりも、強大国が主導する現世界の渦の中に巻き込まれやすい。

韓国人は公私を区別できず、友人や隣人間の情を重視する傾向があるが、これは政治でも人脈政治、派閥政治、側近政治などの廃習を助長してきている。

また、韓国人は激情的で衝動的だ。社会的問題を理性的、合理的に解決せず、感情的に解決する。これは最近問題になっているインターネット文化だけを見ても分かる性向だ。民主主義は議論と交渉を通じて合理的に異見を調整し、合意を算出する政治である。

韓国人は、白黒を区別する二分法的思考と中間立場に対する拒否的な傾向がある。これは日帝強占期に親日と抗日を極端に区分して中間を容認しなかった時代から出てくると考える。また、民主主義が始まった時の軍事的政治とその文化もこのような性向を作り出すのに一役買ったと思われる。与党は権力核心から信任を得るために、野党は国民から人気を得るために中間的な立場よりも闘争を選ばなければならなかった。また、韓国人は政治家たちに対して信頼よりも不信する立場が強い。政府に対して、あるいは政治家に対して、最近では個人相互間にも不信する傾向が強まっている。これに対して政治家たちは、民主主義が信頼の政治であることを悟り、規則の遵守と結果に勝利することを知る不信のない政治者でなければならない。

前と比べて良くなったというが、まだ現代韓国の政治は他の先進国の民主主義政治に比べて不足している点が多すぎる。もちろん、これが一瞬で解決されないことを知っていますが、徐々に、しかしできるだけ早く変えていかないといけない。

本書では、1945年以後の現代韓国政治を「民主主義の根」とも言われる地方自治の発展過程からみてきた。本格的な地方自治制度が始まってから約30年になる。上記したように、現代韓国政治の民主主義政治はまだ遠く感じる。それが、いち早くできるようにと期待し、あとがきを終えたい。

最後に、木村幹先生と浜本宏先生をはじめ、本書を出版してくれた博英社に感謝の意を表する。

参考文献

1．英文文献

Almond, Gabriel A. and G. Bingham Powell, Jr. 1965. *Comparative Politics: A Developmental Approach*. Little, Brown.

________________________________ 1978. *Comparative Politics: System Process and Policy*. Little Brown.

Boynton, S. John. 1986. *Job at the top the Chief Executive in Local Government*, Longman.

Buchanan, James M. 1975. *The Limits of Liberty: Between Anarchy and Leviathan*. Chicago University Press.

Cummings, Bruce. 1981. *The Origins of the Korean War: Liberation and the Emergence of Separate Regimes, 1945~1947*. Princeton University Press.

________________ 1987. "The Origin and Development of the Northeast Asian Political Economy: Industrial Sectors, Product Cycles, and Political Consequences," *The Political Economy of the New Asian Industrialism*. Cornell University Press.

Dobb, Maurice. 1975. *Studies in the Development of Capitalism*. Routledge and Kegan Paul.

Dogan, Mattei, and Dominique Pelassy. 1984. *How to Compare Nations: Strategies in Comparative Politics*. Chatham House Publishers, Inc.

Downs, Anthony. 1957. *An Economic Theory of Democracy*. Harper and Row.

Easton, David. 1953. *The Political System: An Inquiry into the State of Political Science*. Alfred A. Knopf.

Graftsein, R. 1992. I*nstitutional realism: Social and Political Constraints on Rational Actors*, Yale University Press.

Greenstein, Fred I. and Nelson W. Polsby. eds. 1975. *Handbook of Political Science. Vol. 1: Political Science: Scope and Theory*. Addison-Wesley.

Gyford, John & james, Marie. 1983. *National Parties and Local Politics*, George Allen & Unwin.

Hampton William. 1983. *Local Democracies*, Longman Cheshire.

Han, YongSup. 1991. *Designing and Evaluating Conventional Arms Control Measures: The Case of the Korean Peninsula*. Doctoral Dissertation of The RAND Graduate School, The RAND Cooperation.

Harloff, E. M. 1987. *The Structure of Local Government*, IULA.

Hartmann, Frederick H. 1967. *The Relations of Nations*. 3rd ed. , Macmillan Company.

D. M. Hill. 1974. *Democratic theory and local government*, 2th ed., George Allen & Unwin LTD.

Jackson, P. W. 1976. *Local Government*, butterworths.

Jessop, Bob. 1982. *The Capitalist State*. Martin Robertson.

John, G. W. 1982. *New Approaches to the Study of Central local Government Relationships*", Grower Publishing Company, Ltd,.

Jong Hae Yoo（1988）、『Reforms of Local Autonomy System in Korea』、漢陽大学校行政問題研究所.

King, Desmond S. 1987. *The New Right: Politics Markets and Citizenship*. The Dorsey Press.

Koelble, Thomas A. 1995. *The New Institutionalism in Political Science and Sociology*, Comparative Politics.

March, James G. and Johan P. Olsen. 1984. "The New Institutionalism: Organizational Factors in Political Life," *American Political Science Review*. Vol. 78.

Mueller, Dennis C. 1979. *Public Choice*. Cambridge University Press.

Ostrom, Elinor. 1993. *Governing the Commons: The Evolution of Institutions for Collective Action*, Cambridge University Press.

Panebianco,A. 1982. *Political Parties: Organization and Power*, Cambridge University Press.

Park, Chan Wook. 1988. "Legislators and Their Constituents in South Korea: The Patterns of District Representation," *Asian Survey*. Vol. 28. No. 10. University of California Press.

Popper, Karl R. 1965. *The Logic of Scientific Discovery*. Harper and Row.

Pye, L. W. eds. 1963. *Communication and Political Development*. Princeton University Press.

Randall, Vicky and Robin Theobald. 1985. *Political Change and Underdevelopment: A Critical Introduction to Third World Politics*. Duke University Press.

Riker, William H. 1962. *The Theory of Political Coalitions*. Yale University Press.

Skocpol, Theda. ed. 1984. *Vision and Method in Historical Sociology*. Cambridge University Press.

Smith, Rogers M. 1988. "Political Jurisprudence, the 'New Institutionalism,' and the Future of Public Law," *American*

Political Science Review. Vol. 82, The American Political Science Association.
Taylor, Michael. 1976. *Anarchy and Cooperation*. John Wiley and Sons.
Vogler, David J. 1993. *The Politics of Congress*. Brown and Benchmark.
Wellman, Barry and S. D. Berkowitz. eds. 1988. *Social Structures: A Network Approach*. Cambridge University Press.
Whang, Su-ik. 1985. *Constitutional Choice and the Individual Calculus of Voting*. Ph. D. dissertation. Indiana University.
Woo, Jung-en. 1991. *Race to the Swift: State and Finance in Korean Industrialization*. Columbia University Press.

2．韓国語文献[1]

《１次資料》

国会事務処立法調査局（1989）、『地方自治制度立法参考資料第 259 号』、国会事務処。
国会事務処（1949）、『第 2 ～ 3 回国会定期会議会議録』、国会事務処。
大韓民国国会事務処（1976）、『国会史国会事務処』、国会事務処。
内務委員会編（1983）、『地方自治法改正法律案』、国会。
内務部（1958）、『内務行政治積史』、内務部。
______（1960）、『地方行政選挙概要』、内務部。
______（1966）、『韓国地方行政史』、大韓地方行政協会。
______（1968）、『地方自治白書』、内務部。

1　韓国語の読みを優先した。

大邱市史委員会（1973)、『大邱市史』第 3 巻、大邱市史委員会。
国務総理行政調整室（1987)、『地方自治実施研究資料集』、国務総理行政調整室。
法制処（1986)、『大韓民国現代法令集、地方自治編』、法制処。
法制研究院編（1989)、『地方財政法解説と会計実務』、法制研究院。
中央選挙管理委員会編（1964)、『大韓民国政党史』、中央選挙管理委員会。
韓国行政学会（1983)、『韓国行政学報』、17 号、韓国行政学会。
__________（1984)、『韓国行政学報』、第 18 巻、第 1 号、韓国行政学会。
__________（1988)、『韓国行政学報』、第 22 巻、第 2 号、韓国行政学会。
__________（1989)、『韓国行政学報』、第 23 巻、第 1 号、韓国行政学会。
__________（1990)、『韓国行政学報』、第 24 巻、第 1 号、韓国行政学会。
韓国政治学会（1982)、『韓国政治学会報』、第 16 輯、韓国政治学会。
__________（1983)、『韓国政治学会報』、第 17 輯、韓国政治学会。
__________（1984)、『韓国政治学会報』、第 18 輯、韓国政治学会。
__________（1987)、『韓国政治学会報』、第 21 輯、第 1 号、韓国政治学会。
__________（1988)、『韓国政治学会報』、第 22 輯、第 1 号、韓国政治学会。
__________（1989)、『韓国政治学会報』、第 23 輯、第 1 号、韓国政治学会。
__________（1986)、『現代韓国政治論』、法文社。
__________（1987)、『現代韓国政治と国家』、法文社。

韓国政治学会編（1986）、『現代韓国政治論』、法文社。
_______________（1987）、『現代韓国政治と国家』、法文社。
韓国地方行政研究院（1988）、『韓国地方行政史』、韓国地方行政研究院。
____________________（1986）、『地方自治の発展戦略』、韓国地方行政研究院。
____________________（1986）、『外国の地方自治制度比較研究』、韓国地方行政研究院。
____________________（1987）、『地方自治と地方財政力』、韓国地方行政研究院。
____________________（1989）、『地方自治に関する住民意識調査』、韓国地方行政研究院。
____________________（1989）、『韓国地方行政の専門化方案』、韓国地方行政研究院。
韓国地方行政研究院編（1985）、『地方行政機能分析に関する研究』、韓国地方行政研究院。
______________________（1985）、『2000年代地方行政の座標』、韓国地方行政研究院。
______________________（1986）、『地方自治の発展戦略』、韓国地方行政研究院。
______________________（1986）、『外国の地方自治制度比較研究』、韓国地方行政研究院。
韓国地方自治学会編（1989）、『地方自治研究』、第1巻、第2号、韓国地方自治学会。
地方自治方案改正案基礎特別委員会油印物（1962）、「地方自治法改正法律案提案説明書」。
韓国社会学会編（1989）、『韓国の地域主義と地域葛藤』、星苑社。
_______________（1990）、『韓国の地域主義と地域葛藤』、星苑社。

中央選挙管理委員会（1973）、『大韓民国選挙史』、第 1 輯・第 2 輯、中央選挙管理委員会。
________（1968）、『大韓民国選挙史』、中央選挙管委員会。
________（1980）、『大韓民国選挙史』、第 3 輯、中央選挙管委員会。
________（1973）、『大韓民国政党史』、第 1 集、中央選挙管委員会。
________（1981）、『大韓民国政党史』、第 2 集、中央選挙管委員会。
________（1992）、『大韓民国政党史』、第 3 集、中央選挙管委員会。
________（1988）、『第 13 代国会議員選挙総覧』、中央選挙管委員会。
________（1992）、『第 14 代国会議員選挙総覧』、中央選挙管委員会。
________（1996）、『第 15 代国会議員選挙総覧』、中央選挙管委員会。
________（2000）、『第 16 代国会議員選挙総覧』、中央選挙管委員会。
________（1992）、『第 14 代大統領選挙総覧』、中央選挙管委員会。
________（1998）、『第 15 代大統領選挙総覧』、中央選挙管委員会。
________（1995）、『第 1 回全国同時地方選挙総覧』、中央選挙管委員会。
________（1998）、『第 2 回全国同時地方選挙総覧』、中央選挙管委員会。

＿＿＿＿＿＿＿＿＿＿（2002）、『第3回全国同時地方選挙総覧』、中央選挙管委員会。

＿＿＿＿＿＿＿＿＿＿（1991）、『区・市・郡議会議員選挙総覧』、中央選挙管委員会。

韓国ギャラップ（2002）、『第3回地方選挙投票行態』、韓国ギャラップ。

＿＿＿＿＿＿＿（1998）、『第2回地方選挙投票行態』、韓国ギャラップ。

＿＿＿＿＿＿＿（1995）、『第1回地方選挙投票行態』、韓国ギャラップ。

《一般文献》

姜在彦（1982）、『韓国近代史研究』、ハンウル社。

具石謨（1988）、「経済人が見る正しい地方自治・自治行政」、（社）地方行政研究所。

権寧星（1988）、『憲法学原論』、法文社。

吉昇欽（1987）、『韓国選挙論』、茶山出版社。

金圭七（1991）、「広域選挙で与党は勝利するしかなかったのか？」『地方自治』。

金環東外（1985）、『韓国の地方自治と地域社会発展』、ソウル大学校出版部。

金光雄（1986）、『官僚と発展』、平民社。

＿＿＿（1985）、「民主意識と投票行態－12代国家議員選挙で」『韓国地域研究』。

＿＿＿（1993）、「韓国選挙研究のプロネシスのために」『韓国政治学会報』、第27輯、第1号、韓国政治学会。

金光雄編（1990）、『韓国の選挙政治学』、ナナム。

金光雄・李甲潤（1996）、『政党・選挙・世論』、ハンウル。

金光植、「8. 15直後の韓国社会と米軍政の性格」『歴史批評』、第一集。

金東勳（1989）、『政党政治と地方議会』、韓国議会発展研究所。

＿＿＿（1989）、『地方自治団体の機関構造』、韓国地方自治学会。

金甫炫（1989)、『韓国地方自治の発展過程』、地方行政研究院。
金甫炫・金庸来（1982)、『地方行政の理論と実際』、法文社。
金炳完（1998)、「6・4 地方選挙の結果とその意味の分析」『6・4 地方選挙の評価と課題』、全南大学校社会科学研究所外主催発表論文。
金秉燦他（1995)、『50 年代地方自治』、ソウル大学出版部。
金秉駿（2000)、『韓国地方自治論：地方政治・自治行政・自治経営』、法文社。
______（1991)、「地方議会と住民の役割及び責任」『韓国地方自治学会報』、第 3 巻、第 2 号、韓国地方自治学会。
金善鐘(1998)、「第 4 代地方選挙と第 15 代総選の経験的な比較分析」『KRF 研究結果論文』、韓国学術振興財団。
金洙槿外（1986)、『韓国経済論』、経世院。
金令才・威友植（1989)、「地方自治と地方行政サービス供給体系に関する研究」『韓国行政学会報』、第 23 巻、第 2 号、韓国行政学会。
金安済（1988)、『地域開発と地方自治行政』、大明出版社。
______（1995)、『韓国地方自治発展論』、大明出版社。
金永來（1990)、『韓国利益集団と民主政治発展』、大王社。
金永文（1985)、「投票成功・政党選好度・自治意識」『現代社会』。
金栄明（1993)、『韓国現代政治史：政治変動の力学』、乙有文化社。
金栄枰（1986)、「地方自治政府の住民代表性」『韓国政治学会報』、第 20 輯、1 号、韓国政治学会。
金雲泰外（1984)、『韓国政治行政の体系』、博英社。
金雲泰外共著（1986)、『韓国政治論』、博英社。
金容浩（1993)、「国会議員選挙制度の変化と政治的効果分析」、李南永編、『韓国の選挙』、ナナム。

金仁喆（1992）、「地方自治に対する住民の政治定向と参与行態」『韓国地域研究』、第10巻、第1号、韓国外国語大学校附設韓国地域問題研究所。
金章権（1995）、「6・27同時地方選挙分析」『韓国地方自治学会報』、第7巻、第2号、韓国地方自治学会。
金俊漢（1990）、「選挙での投票権力」、金光雄編、『韓国の選挙政治学』、ナナム。
金鍾表（1988）、『現代地方行政論』、日新社。
金鐘浩（1998）、「投票行態から現われる韓国人の民主意識と改善方案」『民主化と政治発展』、韓国政治発展研究院。
金哲洙（1988）、『憲法学概論』、博英社。
金択秀（1990）、「治自体を妨害する変数」『地方自治』。
金学魯（1989）、『地方自治の実施と地方自治の発展方向』、釜山大学校地方行政研究所。
金炯國（1990）、「第13代大統領選挙の投票形態に対する地政学的研究」、金光雄編、『韓国の選挙政治学』、ナナム。
金浩鎭（1991）、『韓国政治体制論』、博英社。
南治鍋（1989）、「地方行政サービスの民間供給可能性」『韓国政治学会報』、第23輯、第2号、韓国政治学会。
南宮権（1978）、「韓国の近代化と大統領のリーダーシップ」、ソウル行政大学院碩士学位論文。
盧隆熙（1964）、「地方代議制的側面からみた地方自治発達」『行政議論』、第2巻、第1号、ソウル大学行政大学院。
______（1987）、『韓国の地方自治論』、緑苑出版社。
大韓民国国会事務処（1976）、『国会史』。
劉鐘海（1987）、「地方自治と住民意識」『地方行政』、韓国地方行政共済会。

文容直（1994)、「韓国の政党政治：民主化過程を中心に 1985 ～ 1992」、ソウル大学校博士学位論文。
朴景山（1993)、「韓国選挙の政治経済学」『韓国の選挙』、ナナム。
______（1994)、「韓国選挙研究の方法論的再照明」、金光雄外編、『方法・方法論と韓国政治学』、ハンウル。
朴基永（1985)、「自治与件と地方政府の自治能力」『韓国行政学会報』、第 19 巻、第 1 号、韓国行政学会。
______（1983)、「地方行政と住民参与：実態・問題点及び拡大方案」『社会科学研究所』、第 12 輯、全北大社会科学研究所。
______（1983)、『韓国の地方自治：適正模型と施行戦略』、韓国政治学会。
朴己出（1977)、『韓国政治史』、民族統一問題研究院。
朴東緒（1984)、『人事行政論』、法文社。
______（1986)、『韓国行政の未来像』、法文社。
______（1989)、『地方自治』、現代社会研究所。
朴東緒・金光緒（1987)、『韓国人の民主政治意識』、ソウル大学校出版部。
朴炯勉（2002)、「韓国政党の公職候補者選出に関する研究：新千年民主党広域自治団体長候補選出事例を中心に」、京畿大学校碩士学位論文。
朴文玉（1972)、『韓国政府論』、新泉社。
朴　昇（1983)、『韓国経済政策論』、博英社。
朴東緒（1985)、『韓国行政論』、法文社。
朴源永（1983)、『地方自治の現代憲法的構造』、釜山大学校大学院博士学位論文。
朴種貴（1987)、『地方自治の実際』、図書出版慶尚。
朴昌規（1998)、「地方選挙での選挙公約に関する研究」『地方自治

研究』、第 2 集、慶北大学校地方自治研究所。
朴賛郁（1986）、「国会の代表機能研究:議員の地域区活動を中心に」『議政研究』21。
＿＿＿（1990a）、「国会議員と選挙区民間の連係過程」、安清市編、『韓国政治経済論』、法文社。
＿＿＿（1990b）、「選挙過程と代議政治」、金光雄編、『韓国の選挙政治学』、ナナム。
＿＿＿（1992）、「民自党の敗北と国民党の浮上：第 14 代国会議員選挙結果分析」、金光雄編、『我ら町の選挙のお話・国の選挙のお話・直るべき選挙のお話』、芸音。
＿＿＿（1993a）、「第 14 代国会議員総選挙での政党支持分析」、『韓国の選挙』、ナナム。
＿＿＿（1993b）、「有権者の選挙関心度・候補認知能力と投票参与意思：第 14 代総選戦調査結果を中心に」『韓国政治学会報』、第 26 輯、第 3 号、韓国政治学会。
＿＿＿（1993c）、「第 14 代国会議員選挙結果に対する集合資料分析」『韓国と国際政治』、第 9 集、第 2 号。
＿＿＿（1994）、「韓国の民主化と大衆の心理的な正向」『社会科学と政策研究』、第 16 巻、第 1 号、ソウル大学校社会科学研究所。
＿＿＿（1996）、「選挙政治に関する経済学的な理論」『社会科学と政策研究』、第 18 巻、第 1 号、ソウル大学校社会科学研究所。
＿＿＿（1997）、「民主化と政治制度化」『韓国社会科学』、第 19 巻、第 1 号、ソウル大学校社会科学研究所。
＿＿＿（2000）、「IMF 以後韓国政治改革の課題と国会の役割」『政治情報研究』、第 3 巻、第 2 号、韓国政治情報学会。
朴宰昌（1991）、「広域地方自治体は我らに何を残したのか？」『地方自治』。

ブルース・カミングス（1985）、『朝鮮戦争の起源』、鄭敬謨・朴哲訳、シアレヒム社。
蘇淳昌（1999）、『韓国地方選挙での地域主義と政党投票』、博英社。
孫鳳淑（1985）、『韓国地方自治論』、三英社。
______（1985）、『韓国地方自治研究』、三英社。
______（1985）、「地方学術発表韓国の歴代地方議会と地方自治」『韓国行政学報』、第19巻、第1号、韓国行政学会。
______（1985）、「韓国自由党と政党政治研究」『韓国政治学会報』、第19輯、第1号、韓国政治学会。
______（1986）、「韓国都市自治の歴史的展開」『都市問題』、第21巻、第10号、大韓地方行政共済会。
______（1987）、「第一共和国と自由党」『現代韓国政治論』、法文社。
______（1990）、『韓国地方自治研究：第一共和国の政治過程を中心に』、三英社。
______（1991）、『地方議会選挙と女性候補者政治意識及び充員過程調査研究』、韓国女性政治研究所。
孫鳳淑・安清市（1986）、「韓国の地方選挙制度」『韓国政治学会報』、第23輯、第1号、韓国政治学会。
孫在植（1988）、『現代地方行政論』、博英社。
______（1971）、『現代地方自治論』、陽友社。
孫禎睦（1992）、『韓国地方制度・自治史研究（下）』、一志社。
______（1990）、「特輯:地方自治制度」『季刊監査』、第21号、監査院。
宋根源（1994）、『公約と選挙戦略』、韓国選挙戦略研究所。
______（1992）、『選挙公約とイシュー戦略』、ハンウル。
徐基俊（1999）、「韓国の地方自治発展と地方選挙の課題」『統一問題研究』、第12巻、朝鮮大学校統一問題研究所。
徐元宇（1983）、『現代行政法論（上）』、博英社。

______（1985）、『韓国の地方自治に関する法的諸問題』、比較行政。
申命淳（1984）、「韓国の政治参与と政治発展」『韓国政治発展の特性と展望』、韓国政治学会。
______（1995）、「全国区比例代表国会議員制度研究」『韓国政治学会報』、韓国政治学会月例学術発表会論文。
愼宰明（1991）、「韓国の地方選挙制度に関する研究」『学術論集』、第15巻、檀国大学校大学院。
安清市外（1986）、『現代韓国政治論』、法文社。
安海均（1985）、「中央と地方政府間の行政機能の合理性区分に関する試論」『行政論』、第23巻、第2号、ソウル大学校行政大学院。
______（1988）、『韓国行政体制論』、ソウル大学校出版部。
______（1981）、「中央による地方統制」『行政統制論』、ソウル大学校出版部。
______（1989）、「地方自治制と地方自治」『地域社会』、新春号、韓国地域社会研究所。
安秉萬（1977）、「韓国の政党と政治発展：重大選挙と政党体制の制度化過程」『韓国政治学会報』。
______（1985）、「12代国会議員選挙で有権者たちの政党関与と投票形態：人情的形態接近」『韓国地域研究』。
楊茂木（1983）、『韓国政堂政治論』、法文社。
厳泰碩（2003）、「2002年忠北地域地方選挙の特徴と地方選挙制度の改善方案研究」『湖西文化論集』、第17号、西原大学校湖西文化研究所。
呉然天（1987）、『韓国地方財政論』、博英社。
陸東一（1995）、「6·27地方選挙の評価と地方自治定着の課題」『現代社会と行政』、第5巻、延世行政研究会。

尹龍熙（1997）、「大邱広域市議会議員選挙公約の実現可能性研究」『地方自治研究』、創刊号、慶北大学校地方自治研究所。
______（1993）、「選挙公約とその実践に関する研究」『大邱・慶北政治学会報』、大邱・慶北政治学会。
尹天柱（1987）、『韓国政治体系』、ソウル大学校出版部。
______（1986）、『投票参加と政治発展』、ソウル大学校出版部。
______（1981）、『韓国の選挙実態』、ソウル大学校出版部。
______（1989）、『投票参与と政治発展：韓国の選挙実態　増補版』、ソウル大学校出版部。
______（1990）、「投票参与の変化と政治発展」、金光雄編、『韓国の選挙政治学』、ナナム。
尹亨燮（1991）、「第13代国会議員選挙結果の分析」『延世行政論叢』、延世大学校。
李光潤（1984）、『フランスの地方自治・比較行政』、（社）地方行政研究所。
李慶恵訳（1987）、『日本地方自治制度』、法文社。
李尚圭（1986）、『新行政法論（上）』、法文社。
李甲潤（1998）、『韓国の選挙と地域主義』、オルム。
______（1985）、「第五共和国国会議員選挙の分析と展望」『韓国政治学会報』。
______（1986）、「韓国での投票率研究の方法論的考察」、選挙研究方法論に関するシンポジウム発表論文、韓国社会科学研究協議会。
______（1989）、「韓国選挙過程の民主化」、韓国政治学会編、『韓国政治の民主化：現実と課題』、法文社。
______（1990）、「投票形態と民主化」、金光雄編『韓国選挙政治学』、ナナム。
______（1995）、「韓国の民主化と政党の変化」、翰林大学校　翰林科学院主体学術大会発表論文。
李甲允（1987）、『韓国の選挙と地域主義』、オルム。
李基洙（1968）、『首都行政の発展論的考察』、法文社。
李起夏（1961）、『韓国政党発達史』、議会政治社。
＿＿＿（1996）、「地方自治発展のための事務配分の課題」『韓国地方自治学会報』、第 8 巻、第 2 号、韓国地方自治学会。
＿＿＿（1992）、「地方自治団体の条例制定権と法律留保の原則」『地方自治』。
李起夏外 3 人（1987）、『韓国の政党』、韓国日報社。
李南永（1989）、「韓国国会議員選挙結果を決定する主要要因：85 年・88 年両代国会議員選挙結果の比較分析」『議政研究』。
＿＿＿（1993）、「投票参与と棄権：第 14 代国会議員選挙分析」『韓国の選挙』、ナナム。
李南永編（1993）、『韓国の選挙①』、ナナム。
李珪澤（1984）、『韓国地方議会構成与件に関する考察』、立法調査月報。
李達坤（1989）、「地方公企業の戦略的管理法案」『韓国行政学報』、第 23 巻、第 2 号、韓国行政学会。
＿＿＿（1991）、「集団利己主義の原因と合理的な解決方案」『地方行政』、地方行政共済会編。
李聖徳（1986）、「韓国地方自治制度の理解」『韓国行政学会報』、韓国行政学会。
＿＿＿（1986）、「地方自治行政の理解」『韓国行政学会報』、第 20 巻、第 1 号、韓国行政学会。
＿＿＿（1986）、「中央政府と地方行政間の事務配分に関する比較研究」『地方と行政研究』、創刊号、釜山大学校地方行政研究所。
李佑在（1988）、『韓国農民運動史』、ハンウル。

李英鍋（1973)、「韓国の社会変化と政治参与」『韓国社会の伝統と変換』、高麗大学校アジア問題研究所。
李恩真・金碩俊（1992)、『韓国の政治と選挙文化』、社会文化研究所。
李正馥（1985)、「産業化と政治体系の変化」『韓国行政学会報』、第19巻、韓国行政学会。
李周熙（1989)、「地方自治法改正案4党争点に関する意見調査」『地方自治』。
李鉉友・黄亜蘭（1999)、「選挙制度による地域主義の効果の変化：6・4広域地方選挙シミュレーション」『韓国と国際政治』、第15巻、第2号、慶南大学校極東問題研究所。
李洪九（1977)、「韓国の政治文化と政治発展：ソウル市低所得飼階政治性向の一断面」『韓国政治学会報』、第11輯、韓国政治学会。
張志浩（1978)、『地方行政論』、大旺社。
鄭得規（1983)、「韓国人の政治意識と投票行態に関する研究」『全南大学校論文集』。
鄭碩九（1992)、「ソウル市議会議員選挙公約分析」『地方自治』。
鄭世煜（1993)、『地方行政学』、法文社。
______（2000)、『地方自治学』、法文社。
______（1999)、『政府間関係論』、法文社。
______（1989)、「地方自治史から見た政党の役割」『韓国政治学会報』。
______（1989)、「地方自治第実施による地域開発行政体制」『韓国行政学報』。第23巻、第2号、韓国行政学会。
______（1987)、「地方議会議員選挙に関する比較研究」『韓国行政学報』、第21巻、第2号、韓国行政学会。
______（1989)、「中央と地方間の関係」『韓国地方自治学会報』、第1巻、第1号、韓国地方自治学会。

______（1991）、「地方自治団体長の選挙」『韓国地方自治学会報』、第 3 巻、第 2 号、韓国地方自治学会。
______（1988）、「地方自治団体長に対する国家の統制」『社会科学論総』、第 3 巻、明知大学校社会科学研究所。
趙錫俊外（1987）、『韓国行政の歴史的分析』、ソウル大学校出版部。
趙正賢（2000）、『韓国政治と政堂体系変動:政堂の生成・消滅・統合・分裂過程分析』、オルム。
趙己淑（1996）、『合理的選択：韓国の選挙と有権者』、ハンウルアカデミー。
______（1992）、「有権者選好強度と大義民主主義：多元主義と合理的選択理論の批判的考察」『韓国政治学会報』、第 26 輯、第 1 号、韓国政治学会。
______（1993）、「有権者選好強度は存在するか。：経済学科と人情心理学の合理性概念の対比を通じて」『韓国政治学会報』、第 26 輯、第 2 号、韓国政治学会。
______（1993）、「合理的選択理論による統治政治変動模型：北韓研究での適用可能性の模索」『韓国国際政治論総』、第 33 集、第 2 号。
______（1994）、「効率的な政策開発をための政党の役割」、仁川選挙管理委員会発表論文。
______（1995）、「選挙制度と選挙形態の変化」『光復 50 周年記念論文集』、韓国学術振興財団編。
______（1995）、「韓国有権者の政党本位投票」『議定研究』、第 1 巻、第 1 号。
趙正賢（2000）、『韓国政治と政党体系変動:政党の生成・消滅・統合・分裂過程分析』、オルム。
趙昌鉉（1988）、『地方自治に関する公聴会』、漢陽大学校地方行政研究所。
______（1988）、『地方自治に関する国民意識』、漢陽大学校地方行政研究所。
趙鉉傑・朴昌規（1999）、「6･4 地方選挙立候補者の選挙と関連した政治意識調査－大邱・慶北地域の出馬者を中心に」『民主化と政治発展』、第 2 集、韓国政治発展研究院。
周観中（1986）、『選挙工学』、未来社。
池秉文外（1997）、『現代韓国政治の展開と動学』、博英社。
池秉文（1998）、「6. 4 地方選挙の意味と評価」『地方選挙の評価と地方自治の課題』、韓国地方自治学会外主催シンポジウム。
陳徳奎（1983）、「韓国の政治学をために」『韓国社会研究』、ハンギル社。
______（1974）、「韓国の政党と政治発展」『北韓』、第 35 号、北韓研究所。
______（1975）、「産業化が地域社会の権力構造と住民の意識状況に及ぼす影響の分析」『韓国政治学会報』、第 9 輯、第 1 号、韓国政治学会。
______（1983）、「大韓帝国の権力構造に関する政治史的認識（1）」『主題研究』、第 1 巻、梨花女子大学校韓国文化研究院。
______（1987）、「現代韓国政治学認識での国家論的接近の理解」『社会科学研究』、第 1 巻、中央大学校社会科学研究所。
______（1990）、『現代政治社会学理論』、三英社。
______（1991）、「韓国社会の政治変動と階級構造の政治統合に関する論議」『労働問題論集』第 19 巻、第 1 号、高麗大学校労働問題研究所。
______（1992）、「韓国政治社会の改革方向：階級構造と政治理念を中心に」『月刊思想』、第 15 巻、第 1 号、社会科学院。

崔明（1979）、「韓国の比較政治学」『韓国政治学会報』、第 13 輯、韓国政治学会。
崔鳳基（1989）、『地方自治と民主主義』、大英文化社。
崔相哲外（1985）、「特集：地方自治制シンポジウム」『行政問題論集』、第 6 輯、漢陽大学校行政問題研究。
崔英勲（1988）、「第 13 代国会議員選挙に関する研究分析：有権者の政治認識及び政治形態を中心に」『現代社会』。
崔載勲・鄭雲章（1989）、『国際法講義』、玄凡社。
＿＿＿＿＿＿（1985）、『韓国地方行政の再認識』、三英社。
崔昌浩（1989）、「地方自治団体の種類と階層：地方自治法改正方向に関するセミナー」『韓国地方自治学会』。
＿＿＿（1983）、『韓国地方行政の再認識』、三英社。
崔漢寿（1995）、「6・27 地方選挙の評価」『韓国政治学会報』、第 29 輯、第 3 号、韓国政治学会。
河恵秀（1991）、「地方議員選挙公約これではいけない」『地方自治』。
韓培浩（1984）、『韓国の政治』、博英社。
韓培浩編（1990）、『韓国現代政治論 I 』、ナナム。
韓坦澤（1986）、『都市の地方行政論』、法文社。
韓昇洲（1987）、「第二共和国」『現代韓国政治論』、法文社。
＿＿＿（1983）、『第二共和国の韓国の民主主義』、鍾路書籍。
韓貞一外（1986）、「特輯：地方自治の課題」『韓国政治学会報』、第 20 輯、韓国政治学会。
韓貞一（1997）、「1995 年地方選挙と 1996 年総選挙の比較研究」『社会科学論集』、第 12 巻、建国大学校社会科学研究所。
＿＿＿（1993）、「韓国の第 14 代大統領選挙に関する研究」『学術誌』、建国大学校。
咸成得（2000）、『韓国の大統領と権力』、ナナム。

黄東駿（1957)、『行改法原論・上巻』、韓一文化社。

黄秀盆（1985)、「政治学と合理的選択接近法」『韓国政治学会報』、第 19 輯、韓国政治学会。

______（1989)、「社会行為の意図にならない結果・機能的説明・そして個人主義的説明」『韓国政治学会報』、第 23 輯、韓国政治学会。

黄亜蘭（2002)、「地域主義と地方自治」『勧告行政学会報』、第 36 巻、第 2 号、韓国行政学会。

黄潤元（1988)、「地方財政予算の決定変数分析」『韓国行政学会報』、第 23 巻、第 2 号、韓国行政学会。

《新聞・雑誌・その他》

朝鮮日報：http://www. chosun. com.

中央日報：http://news. joins. com.

京郷新聞：http://www. khan. co. kr.

東亜日報：http://www. donga. com.

韓国日報：http://news. hankooki. com

週刊朝鮮：http://weekly. chosun. com.

新東亜：http://shindonga. donga. com.

月刊中央：http://monthly. joins. com.

行政自治部：http://www. mogaha. go. kr.

韓国中央選挙管理委員会：http://www. nec. go. kr.

ソウル特別市ホームページ：http://www. seoul. go. kr.

ハンキョレ新聞：http://www. hani. co. kr.

大田毎日：http://www. cctoday. co. kr.

大田日報：http://www. daejonilbo. com

3．日本語文献

《政治学・行政学一般》

秋月望・丹羽泉編（1996)、『韓国百科』、大修館書店。

秋元律郎（1980)、『政治社会学入門：市民デモクラシーの条件』、有斐閣。

足立幸男編（1991)、『現代政治理論入門：原典で学ぶ 15 の理論』、ミネルヴァ書房。

天川晃・御厨貴（2003)、『日本政治史：20 世紀の日本政治』、放送大学教育振興会。

G.A. アーモンド＆ S. ヴァーバ（1974)、『現代市民の政治文化：五カ国における政治的態度と民主主義』、石川一雄訳、勁草書房。

五十嵐暁郎（1993)、『民主化時代の韓国・政治と社会はどう変わったか 1987-1992』、世織書房。

伊藤光利・田中愛治・真渕勝（2000)、『政治過程論』、有斐閣。

池明観（1995)、『韓国民主化への道』、岩波書店。

鵜沢義行・安勝実（1980)、『日本政治の実力者たち：リーダーの条件』、有斐閣。

内山秀夫（1977)、『政治文化と政治変動』、早稲田大学出版部。

内山秀夫編（1999)、『政治理論』、三嶺書房。

M. ウェーバー（1967)、『権力と支配:政治社会学入門』、濱島朗訳、有斐閣。

大久保史郎・徐勝編（2003)、『現代韓国の民主化と法・政治構造の変動』、日本評論社。

大西典茂・北西允・山田浩編（1977)、『入門現代日本の政治』、法律文化社。

大西裕（2004)、「韓国におけるイデオロギー政治の復活（焦点／

アジアの新しい政治潮流)」『国際問題』、通号535、日本国際問題研究所。

______(2004)、「グッド・ガバメント論とグッド・ガバナンス論：東アジア諸国の経験(特集ガバナンスと経済開発)」『アジ研ワールド・トレンド』、第10巻、第2号・通号101、日本貿易振興機構アジア経済研究所研究支援部。

大西裕・建林正彦(1998)、「省庁再編の日韓比較研究」『レヴァイアサン』、通号23号、木鐸社。

大薮龍介(1992)、『国家と民主主義:ポスト・マルクスの政治理論』、社会評論社。

D.カヴァナー(1977)、『政治文化論』、寄本勝実・中野実訳、早稲田大学出版部。

姜在彦(1980)、『朝鮮の開化思想』、岩波書店。

______(1982)、『新訂朝鮮近代史研究』、日本評論社。

北山俊哉(1992)、「近代化の政治経済学：政治はいかに経済発展の方向を決めるか」『近代化の諸相－産業経済とその周辺』、清文社刊。

木村幹(2004)、『朝鮮半島をどう見るか』、集英社。

______(2003)、『韓国における権威主義的体制：李承晩政権の崩壊まで』、ミネルヴァ書房。

______(2000)、『朝鮮／韓国ナショナリズムと小国意識：朝貢国から国民国家へ』、ミネルヴァ書房。

______(2004)、「韓国レフトパワーがひきおこした迷走：在韓米軍削減が揺さぶるジェットコースター政治(特集 東アジア・ナショナリズムの危険性)」『中央公論』、第119巻、第9号、中央公論新社。

______(2004)、「北朝鮮「等身大」の北朝鮮を見据えた外交を(特

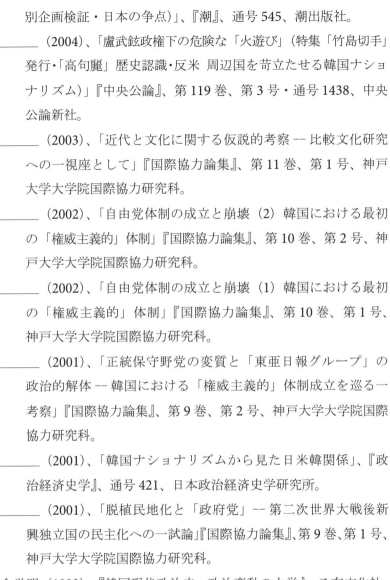

別企画検証・日本の争点)」、『潮』、通号 545、潮出版社。
______（2004)、「盧武鉉政権下の危険な「火遊び」（特集「竹島切手」発行･「高句麗」歴史認識･反米 周辺国を苛立たせる韓国ナショナリズム)」『中央公論』、第 119 巻、第 3 号・通号 1438、中央公論新社。
______（2003)、「近代と文化に関する仮説的考察 -- 比較文化研究への一視座として」『国際協力論集』、第 11 巻、第 1 号、神戸大学大学院国際協力研究科。
______（2002)、「自由党体制の成立と崩壊（2）韓国における最初の「権威主義的」体制」『国際協力論集』、第 10 巻、第 2 号、神戸大学大学院国際協力研究科。
______（2002)、「自由党体制の成立と崩壊（1）韓国における最初の「権威主義的」体制」『国際協力論集』、第 10 巻、第 1 号、神戸大学大学院国際協力研究科。
______（2001)、「正統保守野党の変質と「東亜日報グループ」の政治的解体 -- 韓国における「権威主義的」体制成立を巡る一考察」『国際協力論集』、第 9 巻、第 2 号、神戸大学大学院国際協力研究科。
______（2001)、「韓国ナショナリズムから見た日米韓関係」、『政治経済史学』、通号 421、日本政治経済史学研究所。
______（2001)、「脱植民地化と「政府党」-- 第二次世界大戦後新興独立国の民主化への一試論」『国際協力論集』、第 9 巻、第 1 号、神戸大学大学院国際協力研究科。
金栄明（1993)、『韓国現代政治史：政治変動の力学』、乙有文化社。
金太基（1997)、『戦後日本政治と在日朝鮮人問題：SCAP の対在日朝鮮人政策 1945 ～ 1952 年』、勁草書房。
金一勉（1982)、『韓国の運命と原点：米軍政・李承晩・朝鮮戦争』、三一書房。
金浩鎮（1993)、『韓国政治の研究』、李健雨訳、三一書房。
権寧周（1995)、『戦後日本における地方自治の形成』、京都大学大学院法学研究科博士論文。
草野厚（1997)、『政策過程分析入門』、東京大学出版社。
小山雅夫（1978)、『戦後日本政治年表』、教育社。
高峻石（1987)、『韓国現代史入門』、批評社。
阪上順夫（1979)、『選挙制度：政治資金の実態と各党の政策』、教育社。
社会主義教育協会編（1948)、『日本政治の変革過程』、三元社。
佐藤俊一（1988)、『現代都市政治理論：西欧から日本へのオデュッセア』、三嶺書房。
白鳥浩（2002)、『市民・選挙・政党・国家：シュタイン・ロッカンの政治理論』、東海大学出版社。
白鳥令（1983)、『分割統治:比例代表制導入後の日本政治』、芦書房。
______（1975)、『日本政治の構造：戦後体制の終焉』、東洋経済新報社。
白鳥令・阪上順夫・河野武司編（1998)、『90年代初頭の政治潮流と選挙』、新評論。
飯塚繁太郎編（1998)、『民意・政党・選挙』、新評論。
ロバート・シャプレン（1982)、『日本と韓国：二つのエネルギー』、大塚喬重訳、サイマル出版社。
鄭章淵・文京洙（1990)、『現代韓国への視点』、大月書店。
慎斗範（1993)、『韓国政治の現在：民主化へのダイナミクス』、有斐閣。
______（1999)、『韓国政治の五十年：その軌跡と今後の課題』、ブレーン出版。

施光恒（2003）、『リベラリズムの再生：可謬主義による政治理論』、慶應義塾大学出版会。
曽根泰教（1989）、『現代の政治理論』、放送大学教育振興会。
成昌煥（1995）、『韓國経済論』、章旺社。
宋南憲（1975）、『解放 30 年史』、成文閣。
太倫基（1979）、『権力と裁判：韓国現代史への証言』、金哲岳訳、本郷出版社。
高木大三（1997）、『朴正熙、金大中小説－世紀の和解（セギエファへ）：びっくり、どっきり韓国政治入門』、アートヴィレッジ。
田口富久治（1971）、『マルクス主義政治理論の基本問題」、青木書店。
＿＿＿＿＿（2001）、『政治理論・政策科学・制度論』、有斐閣。
田中明（1992）、『韓国政治を透視する』、亜紀書房。
田中誠一（1997）、『韓国官僚制の研究:政治発展との関連において』、大阪経済法科大学出版部。
高畠通敏（1983）、『政治の発見：市民の政治理論序説』、三一書房。
＿＿＿＿（1994）、『日本政治の構造転換』、三一書房。
＿＿＿＿（1997）、『政治の発見：市民の政治理論序説』、岩波書店。
辻中　豊・廉載鎬編者（2004）、『現代韓国の市民社会・利益団体：日韓比較による体制移行の研究』、木鐸社。
辻中　豊・李政煕・廉載鎬（1998）、「日韓利益団体の比較分析－1987 年民主化以後の韓国団体状況と政治体制」『レヴァイアサン』、通号 23 号、木鐸社。
曺圭哲（1998）、「日韓の人事行政システムと天下り過程」『レヴァイアサン』、通号 23 号、木鐸社。
趙昌鉉（1998）、「韓国の政治体制と地方政治」『レヴァイアサン』、通号 23 号、木鐸社。
崔章集（1997）、『現代韓国の政治変動：近代化と民主主義の歴史的条件』、中村福治訳、木鐸社。
______（1999）、『韓国現代政治の条件』、中村福治訳、法政大学出版局。
崔漢秀（1999）、『韓国政党政治変動』、世明書館。
朝鮮史研究会編（1986）、『朝鮮の歴史』、三省堂。
富田信男（1983）、『日本政治の変遷：史料と基礎知識』、北樹出版。
C.H. ドッド（1978）、『政治発展論』、比嘉幹郎・江上能義訳、早稲田大学出版部。
中野実・廉載鎬（1998）、「政策決定構造の日韓比較－分析枠組と事例分析」『レヴァイアサン』、通号 23 号、木鐸社。
中川八洋（1980）、『欧米デモクラシ－への挑戦：日本政治文化論』、原書房。
中川信夫（1988）、『朝鮮半島はどうなるか：韓国民主化・南北統一と日本』、未来社。
西尾勝（2001）、「時代状況と日本の行政学の課題」『年報行政研究』、通号 36、ぎょうせい。
日本国際問題研究所（1998）、『民主化以降の韓国』、日本国際問題研究所。
日本政治学会編（1974）、『危機状況と政治理論』、岩波書店。
______________（1953）、『戦後日本の政治過程』、岩波書店。
______________（1960）、『日本の圧力団体』、岩波書店。
______________（1972）、『比較政治分析とその方法』、岩波書店。
______________（1979）、『55 年体制の形成と崩壊』、岩波書店。
______________（1985）、『近代日本政治における中央と地方』、岩波書店。
______________（1986）、『現代日本の政治手続き』、岩波書店。
______________（1988）、『第三世界の政治発展』、岩波書店。

＿＿＿＿＿＿＿＿＿（1988）、『政治過程と議会の機能』、岩波書店。
＿＿＿＿＿＿＿＿＿（1994）、『ナショナリズムの現在;戦後日本の政治』、岩波書店。
＿＿＿＿＿＿＿＿＿（1995）、『現代日本政官関係の形成過程』、岩波書店。
＿＿＿＿＿＿＿＿＿（1996）、『55年体制の崩壊』、岩波書店。
＿＿＿＿＿＿＿＿＿（2002）、『三つのデモクラシー：自由民主主義・社会民主主義・キリスト教民主主義』、岩波書店。
萩原遼（1986）、『民主主義よ君のもとに:韓国全斗煥体制下の民衆』、新日本出版社。
朴己出（1977）、『韓国政治史』、民族統一問題研究院。
朴益奎（2000）、『韓国政治文化と権力構造』、図書出版夏雨。
朴慶植（1973）、『日本帝国主義の朝鮮支配（上）』、青木書店。
服部民夫（1992）、『韓国：ネットワークと政治文化』、東京大学出版会。
林建彦（1978）、『朴体制下の韓国：仕上げ期に入る17年の軌跡』、教育社。
＿＿＿（1976）、『韓国現代史』、至誠堂。
半田晋也・ジョントーマス ソーバーン・木村幹（2003）、「第1部院生発表によるシンポジウム 国際協力研究の現状と可能性--理論から実践にむけて（神戸大学大学院国際協力研究科創立10周年記念事業プログラム報告2002年12月12日～13日、テーマ：21世紀における国際協力のあり方をめぐって--その実践と学問的課題）」『国際協力論集』、特別号、神戸大学大学院国際協力研究科。
デーヴィド・ビーサム（1988）、『マックス・ヴェーバーと近代政治理論』、住谷一彦・小林純訳、未来社。
閔寛植（1967）、『韓国政治史：李承晩政権の実態』、世界思想社。

______（1969）、『韓国現代政治史』、世界思想社。
曹正鉉（2000）、『韓国政治と政党体系変動：政党の生成・消滅，統合・分裂過程分析』、オルム。
深川由起子（1999）、『図解韓国のしくみ：新しい政治・経済・社会のことが手に取るようにわかる』、中経出版。
福井英雄（1992）、『日本政治の視角』、法律文化社。
福井治弘・李甲允（1998）、「日韓国会議員選挙の比較分析」『レヴァイアサン』、通号 23 号、木鐸社。
堀要（1996）、『日本政治の実証分析：政治改革・行政改革の視点』、東海大学出版会。
前田康博（1981）、『ソウルからの報告：ドキュメント韓国 1976–1980』、ダイヤモンド社。
真渕勝（2001）、「行政研究：方法と課題（行政改革と行政学）」『年報行政研究』、通号 36、ぎょうせい。
升味準之輔（1980）、『日本政党史論』、東京大学出版会。
松下圭一（1959）、『市民政治理論の形成』、岩波書店。
松並　潤（2000）、「規制緩和・民営化と新自由主義イデオロギー」、水口憲人編『変化をどう説明するか：行政篇』、木鐸社。
丸山眞男（1983）、『日本政治思想史研究』、東京大学出版会。
三宅一郎（1985）、『日本政治の座標：戦後四〇年のあゆみ』、有斐閣。
村田晃嗣・木村幹（2004）、「米軍撤退は対岸の火事ではない」『諸君』、第 36 巻、第 9 号、文芸春秋。
村松岐夫（2001）、「行政における企画立案について」『法学論叢』、第 148 巻、第 34 号、京都大学法学会。
______（2001）、「日本行政学会の五〇年について」『年報行政研究』、通号 36、ぎょうせい。
______（2001）、「政策評価における政治と行政 –– 成果主義という観点から（特集 政策評価の効用）」『都市問題研究』、第53巻、第10号・通号610、都市問題研究会。
文昌周（1965）、『韓国政治論』、一潮閣。
明治学院大学法学部立法研究会編（1993）、『日本政治の現状と課題』、明治学院大学法学部立法研究会。
森尾忠憲（1983）、『デモクラシ－論の先駆：スピノザの政治理論』、学文社。
森本哲郎他（2004）、「大都市圏における選挙・政党・政策－大阪都市圏を中心に」『研究叢書』、第27冊、関西大学法学研究所。
森山茂徳（1998）、『韓国現代政治』、東京大学出版会。
________（1987）、『近代日韓関係史研究－朝鮮植民地化と国際関係』、東京大学出版会。
山辺健太郎（1966）、『日韓合併小史』、岩波書店。
__________（1966）、『日本の韓国合併』、太平出版社。
__________（1971）、『日本統治下の朝鮮』、岩波書店。
矢ケ崎誠治（1979）、『現代韓国の指導者たち』、教育社。
柳沢栄二郎（1964）、『現代政治入門:政治分析の視角』、法律文化社。
矢部貞治（1959）、『日本政治の反省』、鹿島研究所。
吉田民雄（2001）、「行政サービスの民営化動向と公営企業」『公営企業』、第33巻、第4号・通号388、地方財務協会。
柳赫仁（1977）、『韓国は何をめざすか：その政治の新しい展望』、サイマル出版会。
尹景徹（1986）、『分断後の韓国政治:一九四五－一九八六』、木鐸社。
尹学準（1998）、『朝鮮半島：人と文化と政治』、アジア書房。
李健雨（1993）、「左右対立と信託統治問題」、金浩鎮・李健雨訳『韓国政治の研究』、三一書房。
李分一（1999）、『現代韓国と民主主義』、大学教育出版。
和田春樹（1981）、『韓国民衆をみつめること』、創樹社。

《地方自治》

秋田周（1967)、『執行機関』、第一法規出版。

秋月謙吾（2001)、『行政・地方自治』、東京大学出版会。

________（2003)、「地方分権改革 -- 比較分析に向けての序論」『法学論叢』、第152巻、第5・6、京都大学法学会。

秋月謙吾・村松岐夫・田辺国昭（2002)、「パネルディスカッション（フォーラム 政策評価学術フォーラム -- 政策評価の可能性と将来像を求めて)」『季刊行政管理研究』、第97巻、行政管理研究センター。

秋本敏文・田中宗孝（1978)、『地方自治制度』、ぎょうせい。

天川晃編（1998)、『地方自治』、丸善。

荒堀広（1999)、『地方政治の新しい流れと課題』、新日本出版社。

飯尾潤（1993)、『民営化の政治過程：臨調型改革の成果と限界』、東京大学出版会。

______（2004)、「日本における二つの政府と政官関係（特集 政官関係)」『レヴァイアサン』、通号34、木鐸社。

______（2004)、「時評2004 二院制の利点を生かす参議院改革が急務だ」『中央公論』、第119巻、第8号・通号1443、中央公論新社。

______（2004)、「時評2004「回復基調」の経済のもとで、さらなる構造改革を促せ」『中央公論』、第119巻、第4号・通号1439、中央公論新社。

______（2004)、「時評2004 この機会に「マニフェスト」を定着させよ」『中央公論』、第119巻、第1号・通号1436、中央公論新社。

______（2003)、「時評2003 手品のように政治構造を変えることはできない」『中央公論』、第118巻、第1号・通号1424、中央公論新社。

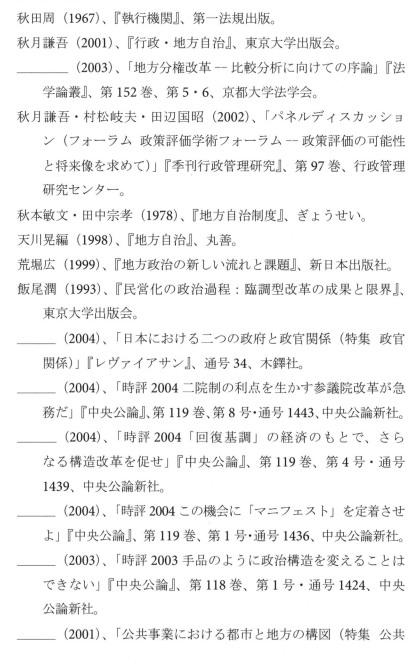

______（2001)、「公共事業における都市と地方の構図（特集 公共

事業は変われるか)」『都市問題』、第92巻、第12号、東京市政調査会。
______（2001)、「混迷の政治状況と言論の限界（言論不況　日本の論争を総括する　総特集　我々はこの五年、何を議論し続けたか)」『論争東洋経済』、第31号、東洋経済新報社。
______（2001)、「首相公選論では何も解決できない -- 必要なのは「参加型政党政治」の活性化だ（ほんものの改革をめざして)」『論座』、通号71、朝日新聞社。
______（2001)、「なぜ首相公選制はダメなのか（特集1　21世紀日本の進路)」『論争東洋経済』、第29号、東洋経済新報社。
池尻久和（1982)、『地方自治の課題と展望：民主主義の基盤を求めて』、啓文社。
岩崎忠夫（1984)、『住民参加論：住民参加の理論と実務』、第一法規出版。
岩崎美紀子編（2000)、『市町村の規模と能力』、ぎょうせい。
江口克彦（2002)、『脱「中央集権」国家論：地域主権をいかに創造するか』、PHP 研究所。
遠藤文夫（1988)、『地方行政論』、良書普及会。
老川祥一編（2000)、『よくわかる地方自治のしくみと役割』、法学書院。
小滝敏之（1983)、『政府間関係論』、第一法規出版。
冲田哲也（1968)、『地方自治要綱』、評論社。
大島太郎（1981)、『官僚国家と地方自治』、未来社。
________（1981)、『自治団体革新の展望』、評論社。
大出峻郎（1977)、『地方議会』、ぎょうせい。
大森彌（1987)、『自治体行政学入門』、良書普及会。
______（2000)、『地方分権改革』、法律文化社。

大森彌編（1993)、『自治体の首長：その資質と手腕』、ぎょうせい。
太田正造（1982)、『国家と地方自治のあらち』、ぎょうせい。
片岡寛光編（1985)、『国と地方：政府間関係の国際比較』、早稲田大学出版部。
加藤嘉行（1979)、『地方議会の潮流と課題』、教育社。
加藤富子（1985)、『都市型自治への転換：政策形成と住民参加の新方向』、ぎょうせい。
加藤一郎（1998)、『公共事業と地方分権』、日本経済評論社。
加藤一明（1973)、『現代の地方自治』東京大学出版会。
________（1978)、『現代行政と市民参加』、学陽書房。
加藤良重（1987)、『地方自治団体行政の転換と必要性』、地方行政研究所。
樺嶋秀吉（2001)、『知事の仕事：一票が地域と政治を変える』、朝日新聞社。
川村仁弘（1986)、『地方自治制度』、第一法規。
木佐茂男・五十嵐敬喜・保母武彦編（2003)、『分権の光集権の影』、日本評論社.
久世公堯（1986)、『地方自治制度』、学陽書房。
テリー・ニコルス・クラーク・小林良彰編（2001)、『地方自治の国際比較：台頭する新しい政治文化』、三浦まり訳、慶應義塾大学出版会。
小早川光郎編（1999)、『近代地方自治制度の形成：明治維新 --1920 年代』、学陽書房。
____________（1999)、『現代地方自治制度の確立：1930 年代 --1950 年代』、学陽書房。
____________（1999)、『地方自治の発展と変容：1960 年代 --1980 年代』、学陽書房。

＿＿＿＿＿（2000）、『分権改革と地域空間管理』、ぎょうせい。
小林良彰編（1998）、『地方自治の実証分析：日米韓3ヵ国の比較研究』、慶應義塾大学出版会。
小林良彰・亀真奈文（2004）、「並立制下における投票行動の問題点（特集 選挙制度と投票行動）」『選挙学会紀要』、第2巻、日本選挙学会。
小林良彰（2003）、「日本の政治 小泉内閣と有権者意識 -- 人々は政治に何を望んでいるか」『世界』、第709巻、岩波書店。
＿＿＿＿（2001）、「都議選と参院選にみる有権者の政治意識（特集 地方選挙と有権者の投票行動）」『都市問題』、第92巻、第10号、東京市政調査会。
＿＿＿＿（2001）、「日本が立ち直る最後の機会 -- 国民は「行革による財政再建」を心から求めている（特集小泉純一郎論）」『Voice』、通号283、PHP研究所。
＿＿＿＿（2001）、「エコノミスト・リポート 都議選分析 変わったのは自民党、変わらなかった民主党」『エコノミスト』、第79巻、第29号・通号3514、毎日新聞社。
坂田期雄（1977）、『地方自治制度の沿革』、ぎょうせい。
＿＿＿＿（1979）、『地方制度の構造と実態』、ぎょうせい。
＿＿＿＿（1989）、『明日の首長・議員・公務員』、ぎょうせい。
＿＿＿＿（1996）、『分権と地方行革』、時事通信社。
坂田期雄編（1982）、『自治体と首長』、中央法規出版。
坂本忠次編（1999）、『地域史における自治と分権』、大学教育出版。
佐々木毅・茂木友三郎・西尾勝（2003）、「21世紀臨調緊急提言「政権公約」が政治を劇的に変える（特集 政権交代から一〇年 --21世紀臨調の再挑戦「言いっぱなし政治」に別れを告げよ）」『中央公論』、第118巻、第8号・通号1431、中央公論新社。

佐藤竺（1979）、『住民参加をめぐる問題事例』、学陽書房。
______（1990）、『地方自治と民主主義』、大蔵省印刷局。
______（1981）、『地方自治の変革と対応』、学陽書房。
佐藤文俊編（2003）、『国と地方及び地方公共団体相互の関係』、ぎょうせい。
新藤宗幸編（1989）、『自治体の政府間関係』、学陽書房。
自治論集（1959）、『国と地方との関係』、地方自治研究会。
________（1954）、『知事官選論』、地方自治研究会。
________（1988）、『大都市問題：政策と制度』、大阪府地方自治研究会。
ジュリスト増刊総合特集（1985）、『地方自治の文化変容：もうひとつの自治体改革』、有斐閣。
全国市長会百年史編さん委員会編（1999）、『全国市長会百年史』、全国市長会。
総合研究開発機構（1999）、『地方政府のガバナンスに関する研究』、全国官報販売協同組合。
高木鉦作編（1981）、『住民自治の権利』、法律文化社。
高辻正己（1960）、「直接請求制度の改正」『自治研究』、第26巻、第7号、第一法規。
高寄昇三（1995）、『地方分権と大都市：府県制度批判』、勁草書房。
________（1998）、『地方自治の行政学』、勁草書房。
竹下譲（2002）、『世界の地方自治制度』、イマジン出版。
田中義政編（1988）、『市民参加と自治体公務』、学陽書房。
谷合靖夫（1983）、『選挙制度論』、第一法規出版。
田村明編（1989）、『自治体の政策形成』、学陽書房。
地方自治経営学会編（1988）、『国際化時代の地域経営』、ぎょうせい。
地方自治百年史編集委員会編（1993）、『地方自治百年史』、地方財務協会。
地方自治協会編（1993）、『アジア諸国の地方制度：財団法人地方自治協会設立20周年記念論文集』、地方自治協会。
辻山幸宣編（1995）、『分権化時代の行政計画』、行政管理研究センター。
土井豊・佐野徹治（1978）、『選挙制度』、ぎょうせい。
外川伸一（2001）、『分権型社会における都道府県改革の視座』、公人の友社。
外山四郎（1975）、『革新知事:伯仲時代の混迷を衝く』、国書刊行会。
中川剛（1990）、『地方自治制度史』、学陽書房。
永田尚久・間島正秀（1986）、『都市化時代と地方自治』、第一法規。
中田実編（2000）、『世界の住民組織：アジアと欧米の国際比較』、自治体研究社。
長野士郎（1982）、『地方自治の展開』、第一法規。
長峯純一（1998）、『公共選択と地方分権』、勁草書房。
二井関成（1978）、『選挙制度の沿革』、ぎょうせい。
西尾勝・岩崎忠夫編（1993）、『地方政治と議会』、ぎょうせい。
西尾勝・小川正人編（2000）、『分権改革と教育行政：教育委員会・学校・地域』、ぎょうせい。
西尾勝・北川正恭（2004）、「対談　西尾勝×北川正恭　マニフェストは地方自治・地方政治を活性化させる -- ローカルマニフェストの意義と展望（連続サブ特集　ローカルマニフェストの展望（1））」『ガバナンス』、第38巻、ぎょうせい。
西尾勝・飯尾潤（2004）、「検証03秋、マニフェストはこう作られた（特集「政権の鬼門」参院選の意義を問い直す）」『中央公論』、第119巻、第5号・通号1440、中央公論新社。
西尾勝・礒崎初仁・金井利之（2001）、「座談会　分権改革の検証

--21世紀の国・地域のあり方（第1回）」『法令解説資料総覧』、第228号、第一法規。
西尾勝（2003）、「資料　今後の基礎的自治体のあり方について（私案）」『月刊社会教育』、第47巻、第6号・通号572、国土社。
______（2003）、「今後の基礎的自治体のあり方について（私案）（特集　市町村合併の現在　第二弾）--（資料「西尾私案」関連）」『議会と自治体』、通号59、日本共産党中央委員会。
______（2001）、「講演懇談要旨　地方分権推進委員会の最終報告」『経済人』、第55巻、第11号・通号650、関西経済連合会。
______（2001）、「統治機構　地方分権（特集　世紀の転換点に憲法を考える）」『ジュリスト』、第1192号、有斐閣。
西尾勝編（1993）、『自治の原点と制度』、ぎょうせい。
________（1998）、『地方分権と地方自治』、ぎょうせい。
________（2000）、『都道府県を変える！：国・都道府県・市町村の新しい関係』、ぎょうせい。
日本経済新聞社編（1994）、『地方分権の虚実：自立の条件を求めて』、日本経済新聞社。
日本地方自治研究学会編（1998）、『地方自治の先端理論』、勁草書房。
日本地方財政学会編（1999）、『地方分権と財政責任』、勁草書房。
日本地方自治学会編（1988）、『転換期の地方自治：課題と展望』、敬文堂。
__________________（1989）、『日本地方自治の回顧と展望』、敬文堂。
__________________（1990）、『広域行政と府県』、敬文堂。
__________________（1993）、『地域開発と地方自治』、敬文堂。
__________________（2003）、『自治制度の再編戦略：市町村合併の先に見えてくるもの』、敬文堂。
服部勝弘（2000）、『地方行政を変える：市議会の現場から行財政改革を提言』、大村書店。
林省吾（1982）、『諸外国の地方財政制度』、第一法規。
古居儔治（1977）、『地方公共団体の行政組織』、ぎょうせい。
古川俊一編（2003）、『住民参政制度』、ぎょうせい。
星野光男（1970）、『地方自治の理論と構造』、新評論社。
堀場勇夫（1999）、『地方分権の経済分析』、東洋経済新報社。
本田弘（1985）、『自治団体革論』、信陽堂。
増田裕夫・大竹邦実（1986）、『選挙制度』、第一法規。
松下圭一（1996）、『日本の自治・分権』、岩波書店。
________（1999）、『自治体は変わるか』、岩波書店。
松下圭一・西尾勝・新藤宗幸編（2002）、『課題』、岩波書店。
______________________________（2002）、『制度』、岩波書店。
______________________________（2002）、『機構』、岩波書店。
______________________________（2002）、『政策』、岩波書店。
______________________________（2002）、『自治』、岩波書店。
松並　潤（2000）、「イングランド地方公共団体一層化の理念と現実」『法学研究』、大阪学院大学法学研究。
________（1999）、「地方公社はなぜ一九八〇年代以降も増加し続けたのか？」『法学研究』、大阪学院大学法学研究。
________（1997）、「民営化の動向－ 1980 年代以降のヨーロッパを中心として」、今村都南雄編『民営化の効果と現実－ NTT と JR －』、中央法規。
________（1996）、「民営化・規制緩和の日英比較－航空業を例として」『法学研究』、大阪学院大学法学研究。
________（1995）、「占領改革と福祉国家の成立」『法学研究』、大阪学院大学法学研究。
真渕勝（2004）、「官僚制の変容 -- 萎縮する官僚（特集 政官関係）」

『レヴァイアサン』通号 34、木鐸社。
______（2003)、「市町村合併の政治的効果」『法学論叢』、第 152 巻、第 5・6 号、京都大学法学会。
______（2001)、「公共政策の政治過程（特集 公共政策の政治過程）」『レヴァイアサン』、通号 28、木鐸社。
松原治郎編（1975)、『住民参加と自治の革命』、学陽書房。
三田清（1979)、『行政改革・地方自治の実態と各党の政策』、教育社。
水口憲人（1985)、『現代都市の行政と政治』、法律文化社。
________（1995)、『大きな政府の時代と行政』、法律文化社。
水口憲人編（1993)、『広域行政と地方分権』、自治体研究社。
水口憲人・北原鉄也・真渕勝編（2000)、『変化をどう説明するか』、木鐸社。
宮本憲一（1986)、『地方自治の歴史と展望』、自治体研究社。
________（1991)、『現代国家と地方自治』、東方出版。
宮崎辰雄（1980)、『欧米地方自治権の研究』、学陽書房。
村松岐夫（1988)、『地方自治』、東京大学出版会。
________（2003)、「政治主導の下の公務員集団の今後 -- 三回の高級官僚インタビュー調査分析から（公務員制度改革の展望）地方自治」『年報行政研究』、通号 38、ぎょうせい。
________（2003)、「公務員制度改革：調査する官僚制に向けて（特集 これからの公務員制度)」『都市問題研究』、第 55 巻、第 1 号・通号 625、都市問題研究会。
________（2001)、「日本の政府における政策評価論について」『法学論叢』、第 148 巻、第 5・6 号、京都大学法学会。
村松岐夫・水口憲人編（2001)、『分権：何が変わるのか』、敬文堂。
村松岐夫・稲継裕昭編（2003)、『包括的地方自治ガバナンス改革』、東洋経済新報社。

村上芳夫（1993）、『アメリカにおける広域行政と政府間関係』、九州大学出版会。
室井力編（2003）、『住民参加のシステム改革：自治と民主主義のリニューアル』、日本評論社。
守屋孝彦・古城利明編（1984）、『地域社会と政治文化：市民自治をめぐる自治体と住民』、有信堂高文社。
森田朗編（1998）、『アジアの地方制度』、東京大学出版会。
山口二郎編（2000）、『自治と政策』、北海道大学図書刊行会。
山口二郎（2001）、『地域民主主義の活性化と自治体改革』、公人の友社。
山田公平（1991）、『近代日本の国民国家と地方自治』、名古屋大学出版会。
山崎正（2000）、『住民自治と行政改革』、勁草書房。
山下茂・谷聖美・川村毅（1992）、『比較地方自治：諸外国の地方自治制度』、第一法規出版。
山下茂・谷聖美（1982）、『比較地方自治：諸外国の地方自治制度』、第一法規出版。
安原茂（1973）、『地域住民の自治意識と地域住民組織』、法律文化社。
横山桂次・大原光憲（1966）、『現代日本の地域政治』、三一書房。
吉田善明（1982）、『地方自治と住民の権利』、三省堂。
吉田民雄（2003）、『都市政府のマネジメント』、中央経済社。
________（2003）、『都市政府のガバナンス』、中央経済社。
________（2004）、「公共サービスに関する規制改革の必要と限界（特集　規制改革の系譜と展望」『月刊自治研』、第 46 巻、通号 534、自治研中央推進委員会。
________（2004）、「民間委託と自治体行革ガバナンス時代の地方政府行革」『地方自治職員研修』、第 37 巻、通号 510、公職研。

________（2001）、「参加と協働の創造　都市自治体の公共システム改革と市民の参加・協働の促進」『市政』、第 50 巻、第 12 号・通号 593、全国市長会。
________（2001）、「参加と協働の創造　シティー・ガバナンスと都市の公共管理」『市政』、第 50 巻、第 11 号・通号 592、全国市長会。
________（2001）、「参加と協働の創造　サブシディアリテイーの原則と公民のパートナーシップ」『市政』、第 50 巻、第 10 号・通号 591、全国市長会。
吉富重夫（1947）、『デモクラシーと地方自治』、社会文化学会。
________（1963）、『地方自治の理念と構造』、有斐閣。
読売新聞社編（2002）、『地方が変わる日本を変える:全国知事リレー講座』、ぎょうせい。
立命館大学人文科学研究所編（2001）、『地方分権と国家への統合』、立命館大学人文科学研究所。
スティーヴン・R・リード（1990）、『日本の政府間関係：都道府県の政策決定』、森田朗訳、木鐸社。

《新聞・その他》
デーリー東北新聞：http://daily-tohoku. co. jp

金　世徳

1970 年　韓国生まれ

2005 年　神戸大学大学院国際協力研究科博士後期課程修了

（政治学博士）

現　大阪観光大学観光学部教授

著書　「韓国における『民主市民教育』に関する一考察」

『大阪観光大学紀要』第 19 号、2019 年

『平成時代の日韓関係：楽観から悲観への三十年』共著、

ミネルヴァ書房、2020 年

『韓国の民主市民教育』博英社、2024 年

韓国現代政治：中央集権から地方分権への道

初版発行　2024年1月31日

著　　者　金　世徳
発 行 人　中嶋　啓太

発 行 所　博英社
〒370-0006 群馬県 高崎市 問屋町 4-5-9 SKYMAX-WEST
TEL 027-381-8453 / FAX 027-381-8457
E · MAIL hakueisha@hakueishabook.com
HOMEPAGE　www.hakueishabook.com

ISBN　　978-4-910132-57-0

定　　価　2,530円（本体 2,300円）